KARL RAHNER

GEBETE DES LEBENS

Herausgegeben
von
Albert Raffelt

Einführung
von
Karl Lehmann

Herder

Freiburg · Basel · Wien

Sechste Auflage

Umschlagbild:
Glasfenster aus der Kirche in Kopavogur/Island
von Gerdur Holgadottiv.
Foto: Oidtmann, Linnich

© Verlag Herder Freiburg im Breisgau 1984
Herstellung: Freiburger Graphische Betriebe 1986
ISBN 3-451-20091-0

Inhalt

IM HEILIGEN GEIST

Einführung

von Karl Lehmann

Ein wichtiges Thema der Theologie unserer Tage ist die Entfremdung zwischen ihrer wissenschaftlich-methodischen Bemühung und der Spiritualität des christlichen Glaubens. Hans Urs von Balthasar hat in einem mit Recht heute noch berühmten Aufsatz „Theologie und Heiligkeit" aus dem Jahre 1948 die seit dem Hochmittelalter sich anbahnende Scheidung bloßgelegt und für eine neue Einheit plädiert. Die überlieferte Dogmatik erschien wie Knochen ohne Fleisch, die spirituell-aszetische Literatur kam vielen vor wie Fleisch ohne Knochen. Immer wieder wurden jedoch von verschiedener Seite Versuche unternommen, diese Spaltung zu überwinden. Man denke nur an die Programme einer „knienden", einer „betenden" und einer „kerygmatischen" Theologie (Verkündigungstheologie), wie sie in den dreißiger und vierziger Jahren entworfen worden sind.

In der Zwischenzeit sind neue Entwicklungen eingetreten, die zu einer anderen Gestalt systematischer Theologie geführt haben. Die Einflüsse z.B. des dialogisch-personalistischen und existenzphilosophischen Denkens haben ebenso wie die biblisch-heilsgeschichtliche Sicht zu einer Aufhebung der Trennung von Geist und Leben, theoretischer und praktischer Vernunft geführt. Natürlich spielt auch sonst eine Reihe von Gründen mit, welche die Entfremdung zwischen Idee und Existenz überwinden halfen: Liturgische Bewegung, Erneuerung aus den Quellen der Heiligen Schrift und der Kirchenväter, Rückkehr zur ursprünglichen Gestalt großer Heiliger und Ordensgründer.

Karl Rahner gehört mit anderen Theologen zu den Pionieren, die sich mit der Lebensfremdheit der überlieferten Theologie nicht zufrieden gaben. Trotz der äußeren Nähe in Innsbruck schloß er sich nicht den Bemühungen seiner Ordensgenossen um eine „Verkündigungstheologie" an. Von seiner philosophischen Begabung her wollte er sich nicht mit dieser Bankrotterklärung der denkerischen Kraft der glaubenden Vernunft abfinden. Die Spiritualität des heiligen Ignatius von Loyola, besonders authentisch vermittelt durch seinen Bruder Hugo, und das Studium der patristischen Theologie legten zugleich andere Wege nahe. Die beiden Lesebücher „Rechenschaft des Glaubens" und „Praxis des Glaubens" (vgl. Nachwort des Herausgebers) bergen Zeugnisse für die neue Sicht, die sich auch für E. Krebs, K. Adam, G. Söhngen, E. Przywara, H. U. von Balthasar, H. de Lubac und Y. Congar aufzeigen läßt.

Neuralgische Punkte im Verhältnis von Theologie und Spiritualität sind die Lehre über das Beten und die Praxis des Gebetes. Die großen Theologen waren oft auch Lehrmeister des Betens. Namen wie Augustinus, Thomas von Aquin und Bonaventura belegen dies ebenso wie ein Blick auf Martin Luther, Karl Barth und Dietrich Bonhoeffer. So schien es nützlich zu sein, das Werk Karl Rahners daraufhin durchzusehen. Die wichtigsten Aussagen zu einer Theologie des Gebetes wurden in den beiden schon genannten Sammelbänden zugänglich gemacht. Dieser dritte Band einer Auswahl aus Karl Rahners Denken konnte sich auf Beispiele des Betens konzentrieren.

Schon die Frühzeit zeigt, daß das Gebet für Karl Rahner kein nebensächliches Thema darstellt. „Warum uns das Beten not tut" lautet der Titel seines ersten Aufsatzes, den er vor 60 Jahren als Zwanzigjähriger schrieb. Neben den anspruchsvollen philosophischen Werken „Geist in Welt" und „Hörer des Wortes" stehen die aus einer tiefen religiösen Erfahrung kommenden Gebete „Worte ins Schweigen" – sein erstes Buch überhaupt. Im Jahre 1949 veröffentlichte Karl Rahner unter dem Decknamen A. Trescher (dem Familiennamen seiner Mutter) eine besonders persönlich geprägte Folge von Betrachtungen „Heilige Stunde und Passionsandacht", deren zweiter Teil heute in dem Bändchen „Worte vom Kreuz" zugänglich ist. Die Scheu, persönlich gestaltete und das eigene Innere bloßlegende Gebete zu veröffentlichen, war mehr als begreiflich. Aber immer wieder kam es doch zur Publikation einzelner Zeugnisse. Oft sind die Exerzitien des Ordensgründers der Ursprung späterer Texte: „Gebete der Einkehr" (zusammen mit Hugo Rahner), „Betrachtungen zum ignatianischen Exerzitienbuch", „Knechte Christi"; hinzu kommen Einkehrtage für Studenten, Adventspredigten, Rundfunkansprachen und Meditationen vor verschiedenen Kreisen. So erschienen in den siebziger Jahren immer wieder sehr verstreute und heute nicht leicht zugängliche Gebetstexte Karl Rahners.

Karl Rahner hat ein weites Verständnis von Gebet. Jede gemachte Erfahrung – des Freudigen und

7

des Schrecklichen – weist über sich hinaus in das Land einer unbegrenzten Hoffnung, darin Gott wohnt. Einem Gesprächspartner antwortet er auf die Frage „Beten Sie?": „Ich hoffe, daß ich bete. Sehen Sie, wenn ich in meinem Leben immer wieder in großen und in kleinen Stunden eigentlich merke, wie ich an das unsagbare, heilige, liebende Geheimnis grenze, das wir Gott nennen, und wenn ich mich dem stelle, gleichsam auf dieses Geheimnis mich vertrauend, hoffend und liebend einlasse, wenn ich dieses Geheimnis annehme, dann bete ich – und ich hoffe, daß ich das tue." Beten ist also ein vielfältiges Zeugnis des Glaubens, der sich zur Sprache bringt.

So findet der Leser in der vorliegenden Sammlung viele Gebete, die sehr bestimmten Situationen entstammen und geprägte Worte verraten: Gebet eines Weihekandidaten am Abend vor seiner Priesterweihe, gemeinschaftliche Gebete bei eucharistischen Segensandachten, bei einer Marienpredigt im Mai, an Weihnachten usw. Mit großer meditativer Kraft schöpft Karl Rahner die sieben letzten Worte Jesu am Kreuz aus. Er weiß um die bleibende Bedeutung der geprägten Form des Gebetes. So empfiehlt er im Jahre 1982 in einem Brief an einen jungen Menschen: „So verrückt das vielleicht heute klingen mag, würde ich doch empfehlen, einmal zu versuchen, einen Rosenkranz zu beten, für Dich allein. Die ruhige, gelassen gesprochene Folge derselben Worte und ein Blick auf die darin angerufenen Mysterien des Lebens Jesu können, wenn man dabei nicht ungeduldig wird und so etwas auch langsam einzuüben versucht, jene eigentliche Stille in einem hervorrufen, in der man vor Gott weilt." Daneben gibt es Litaneien, aber auch ganz kurze Texte, fast schon wie Stoßgebete. Bei Karl Rahners Verständnis von Gebet kann es freilich nicht bloß um literarisch stilisierte Texte gehen. Darum finden sich im vorliegenden Band viele Zeugnisse aus allen Phasen des Rahnerschen Werkes, die eher sehr persönlichen Meditationen und Betrachtungen gleichen. Hier werden die Übergänge in der Tat fließend. Daß hier gelegentlich eine Grenze erreicht werden kann, wo nämlich die persönliche Betroffenheit und ein verstärkter Reflexionscharakter beherrschend werden, zeigen vor allem die neuesten, bisher nicht veröffentlichten Gebete.

Es ist kein Wunder, daß sich im Spannungsbogen von fast fünfzig Jahren die religiöse Sprache Karl Rahners geändert hat. Man könnte auch mühelos aufzeigen, wie z. B. Wandlungen seines christologischen Denkens sich in verschiedenen Gebeten zu Jesus Christus niederschlagen. Die wohl äußersten Gegensätze kann der Leser in der Kirchenerfahrung Karl Rahners entdecken, wenn er z. B. den frühen Text „Gott der Gesetze" mit dem beinahe zornigen Gebet „Für die Kirche" aus jüngster Zeit vergleicht. So machen die Gebete Karl Rahners seinen eigenen Weg als Christ, Jesuit und Theologe sichtbar. Ihre Vielschichtigkeit darf nicht übersehen werden. Immer sind es Schreie aus der Tiefe, manchmal leise und verhalten, immer jedoch aufwühlend-aufgewühlt und aufrichtig. Der Preis für solche Gebete ist hoch: nicht selten ist es die Sprache eines verwundeten Herzens. Wer Gebete veröffentlicht und sie nicht literarisch glättet, wird schutzlos und verletzlich.

Diese Sammlung der Gebete soll dem Leser das Herz der Spiritualität Karl Rahners eröffnen, kann aber auch die innere Nähe von Frömmigkeit und Theologie in diesem Denken entdecken lassen. Die fast uferlose Literatur über Karl Rahner hat, mit wenigen Ausnahmen, davon kaum Notiz genommen. Aber ohne diese Dimension würde man die theologische Gestalt Karl Rahners radikal verkennen. „Denn alle abstrakte Theologie liefe schließlich doch ins Leere, wenn sie sich nicht selber aufheben würde aus Worten über die Sache in ein Gebet hinein, in dem vielleicht doch geschehen könnte, worüber vorher nur geredet wurde." So will das Buch vor allem Wegweiser zum Beten sein.

Nachtrag zur dritten, ergänzten Auflage

Die Leser und Freunde Karl Rahners haben dieses Buch des großen Theologen offenbar mit besonderer Freude und auch mit ungewöhnlichem Interesse aufgenommen. Bedenkt man die soeben angeführten Worte Karl Rahners über den unvergleichlichen Rang des Betens, dann ist es wohl mehr als ein Zufall, daß dieses Werk das letzte Buch wurde, das zu seinen Lebzeiten erschienen ist, und so ein mahnendes Vermächtnis werden sollte, das uns übergeben ist. Es ist darum eine schöne Ergänzung, daß in diese dritte Auflage ein Gebet aus den letzten Lebenswochen aufgenommen werden konnte (vgl. Näheres im Nachwort des Herausgebers, S. 207).

Im Mai 1984   *Karl Lehmann*

VOR GOTT

Beginn

Inmitten der nahen Unbegreiflichkeit Gottes zu wohnen, von Gott selbst so geliebt zu werden, daß die erste und letzte Gabe die Unendlichkeit und Unbegreiflichkeit selber ist, das ist erschreckend und selig zumal. Aber wir haben keine Wahl. Gott ist mit uns.

Vor Gott

Allmächtiger, heiliger Gott, zu dir will ich kommen und zu dir beten. Ich will dich bekennen, dich, Vater, Sohn und Heiliger Geist, dich loben, dich preisen, dich anbeten. Ich will dir danken ob deiner großen Herrlichkeit.

Was soll ich zu dir sagen, mein Gott? Soll ich alle Worte zusammensuchen, die deinen heiligen Namen rühmen, soll ich dir alle Namen dieser Erde geben, dir, du Namenloser? Gott meines Lebens dich nennen, Sinn meines Lebens, Ziel meiner Wege, Weihe meiner Taten? Bitterkeit meiner bitteren Stunden, Heimat meiner Einsamkeit, du mein geheimstes Glück? Soll ich sagen: Schöpfer, Erhalter, Begnadiger, Naher, Ferner, Unbegreiflicher, Gott der Blumen und der Sterne, Gott des sanften Windes und der fürchterlichen Schlachten, Weisheit, Macht, Treue du und Wahrhaftigkeit, Ewigkeit und Unermeßlichkeit, du Allbarmherziger, du Gerechter, du Liebe?

Was soll ich zu dir sagen, o mein Gott? Soll ich dir klagen, daß du mir so ferne bist, daß dein Schweigen so unheimlich ist und so lebenslang? Daß du mir zu langmütig bist und daß deine Wege, Herr, auf denen doch wir gehen müssen – nicht du –, so unbegreiflich verwirrt und unabsehbar sind? Aber wie sollte ich so klagen? Wie über deine Ferne, wo doch deine Nähe mir ebenso unheimlich ist. Wie über deine Langmut, wo ich doch von ihr mein sündiges Leben friste. Wie über die Unbegreiflichkeit deiner Wege, wo sie doch von meinem bösen und wirren Willen verwirrt wurden.

Was soll ich zu dir sagen, o mein Gott? Soll ich dir mich weihen? Soll ich sagen, daß ich dir gehöre mit allem, was ich bin und habe? O mein Gott, wie kann ich mich dir übergeben, wenn deine Gnade mich nicht nimmt? Wie in deinen Dienst mich begeben, wenn du mich nicht rufst? Ich danke dir, daß du mich berufen hast. Doch dein Dienst fällt mir schwer. Aber mein mattes und feiges Herz soll schweigen und sich nicht über deinen Dienst beklagen. Mein Mund soll lieber gegen mein Herz – das aufbegehren will – lügen, weil er dann deine Wahrheit sagt, die wichtiger ist als meine: O ja, Herr, dein Dienst ist gut, dein Joch ist leicht, deine Bürde sanft. Ich danke dir für alles, was du in meinem Leben von mir gewollt hast. Sei gelobt für die Zeit, in die ich geboren wurde. Sei gepriesen für meine guten Stunden und meine bitteren Tage. Sei gebenedeit für alles, was du mir versagt hast. Herr, entlaß deinen störrischen und faulen Knecht nie aus deinem Dienst. Du hast Macht über mein Herz. Du hast Macht über mich selbst in jener Tiefe, wo ich allein über mich und mein ewiges Geschick verfüge. Deine Gnade ist die Gnade ewiger Allmacht. Weiser, barmherziger, liebender Gott, verwirf mich nicht von deinem Angesicht. Behalt mich in deinem Dienst alle Tage meines Lebens. Verlang, was du willst. Nur gib, was du befiehlst. Wenn ich müde werde in deinem Dienst, dann wirst du nicht müde in deiner Geduld mit mir. Du kommst, mir zu helfen, du gibst die Kraft, immer wieder neu anzufangen; zu hoffen wider alle Hoffnung; an den Sieg, an deinen Sieg in mir zu glauben in allen Niederlagen, die meine sind.

Was soll ich dir sagen, mein Gott, als daß ich ein Sünder bin? Aber das weißt du besser als ich, und ich würde es ja doch nicht glauben und nicht wahrhaben wollen, stände nicht dein Wort gegen mich auf. Herr, geh nicht weg von mir, denn ich bin ein sündiger Mensch. Ist's nicht besser so als anders zu sagen? Wohin sollte ich mit meiner Schwäche, meiner Herzensträgheit, mit der Zweideutigkeit und Fragwürdigkeit selbst noch des Besten in mir hinflüchten, wenn nicht zu dir? Gott der Sünder, Gott der gewöhnlichen, der alltäglichen, der feigen und durchschnittlichen Sünder! O Gott, meine Sünde ist nicht großartig; sie ist so alltäglich, so durchschnittlich, so das Übliche, daß man sie auch übersehen kann. Freilich nur dann, wenn man dich, den Allheiligen, übersieht und wenn man vergißt, daß du unser Herz ganz und ungeteilt, brennend und zu allem bereit besitzen willst in eifersüchtiger Liebe. O Gott, wohin sollte ich flüchten? Die großen Sünder könnten sich vielleicht noch eine Zeitlang an der dämonischen Größe ihrer Sünde sättigen. Aber welchen Überdruß erregt meine Armseligkeit, meine satte Herzensträgheit, die erschreckende Mittelmäßigkeit meines „guten Gewissens". Nur du erträgst noch ein solches Herz, nur du hast noch für mich geduldige Liebe. Nur du bist größer als mein armes

Herz (1 Joh 3, 20). Gott der Sünder, o Gott selbst der Lauen, der Herzensträgen, erbarme dich meiner!

Siehe, o Gott, ich trete vor dein Antlitz: heiliger Gott, gerechter Gott, Gott, der du die Wahrheit, die Treue, die Lauterkeit, die Gerechtigkeit, die Güte bist. Wenn ich vor dich hintrete, muß ich wie Moses vor dir niederfallen und wie Petrus sprechen: Geh weg von mir, denn ich bin ein sündiger Mensch (Lk 5, 8). Ich weiß, ich kann dir nur eines sagen: Erbarme dich meiner. Ich bedarf deiner Barmherzigkeit, denn ich bin ein Sünder. Ich bin deiner Barmherzigkeit unwürdig, denn ich bin ein Sünder. Aber ich habe demütiges Verlangen nach deiner grundlosen Barmherzigkeit, denn ich bin kein Verlorener, sondern ein Mensch dieser Erde, der noch Sehnsucht nach den Himmeln deiner Güte trägt, der gerne demütig mit Tränen der Freude das grundlose Geschenk deines Erbarmens entgegennimmt.

Herr, siehe her, sieh mein Elend. Zu wem sollte ich fliehen, wenn nicht zu dir? Wie sollte ich mich ertragen, wenn nicht im Gedanken, daß du mich erträgst, wenn nicht in der Erfahrung, daß du noch gut mit mir bist. Schau auf mein Elend. Schau an deinen Knecht: den trägen und störrischen, den oberflächlichen. Schau an mein karges Herz: es gibt dir nur das Notwendigste, es will sich nicht in deiner Liebe verschwenden. Schau an meine Gebete: wie widerwillig und mürrisch werden sie dir gezollt, und meistens ist mein Herz froh, wenn es vom Reden mit dir wieder zu etwas anderem übergehen darf. Schau an meine Arbeit: sie ist recht und schlecht, erzwungen durch den

Zwang des Alltags, selten eingegeben von der treuen Liebe zu dir. Höre meine Worte: selten sind es Worte der selbstvergessenen Güte und Liebe. Schau her, o Gott: du siehst keinen großen Sünder, nur einen kleinen. Nur einen, bei dem selbst noch die Sünden klein, kärglich und alltäglich sind, dessen Wille und Herz, Sinn und Kraft nach allen Seiten mittelmäßig sind, selbst in seinen bösen Werken. Aber mein Gott, wenn ich das recht bedenke, werde ich tief erschrocken: Ist, was ich von mir sagen müßte, nicht gerade das Eigentümliche der Lauen? Und hast du nicht gesagt, es sei dir ein Kalter lieber als ein Lauer (Offb 3,16)? Ist meine Mittelmäßigkeit nicht die Tarnung, hinter der sich das Schlimmste versteckt, um undurchschaut zu bleiben: das selbstsüchtige und feige Herz, das träge und unempfindliche Herz, das Herz, das keine Großmut und keine Weite kennt?

Erbarme dich meines armen Herzens, du Gott der Großmut, Gott der Liebe, Gott der seligen Verschwendung! Gib diesem armen, dürren Herzen deinen Heiligen Geist, auf daß er es umwandle. Dein Geist brenne hinein in mein totes Herz mit der Angst vor deinen Gerichten: wenn es nur wach wird! Möge er es erfüllen mit Furcht und Zittern: wenn es nur die Totenstarre der Hoffnungslosen und Resignierten abschüttelt! Er mache es demütig und zerknirscht: wenn es nur erfüllt wird von Sehnsucht nach deiner Heiligkeit und vom Vertrauen auf die Allmacht deiner Gnade! Dein Geist suche mein Herz heim mit der heiligen Reue, die der Anfang des himmlischen Lebens ist. Er suche es heim mit dem Vertrauen auf die unbesiegliche Kraft deines Beistandes, der die Herzen mutig und behend, froh und kühn in deinem Dienste macht. Nur wenn du mir deine Gnade schenkst, werde ich empfinden, daß ich ihrer bedarf. Nur das Geschenk deines Erbarmens läßt mich erkennen und eingestehen, daß ich ein armer Sünder bin. Nur deine Liebe gibt mir den Mut, mich zu hassen, ohne zu verzweifeln.

Du hast dich meiner erbarmt, heiliger Gott. Dein Sohn hat seinen Leib für mich dahingegeben. Darum darf ich dein Erbarmen anrufen. Er hat den Tod gekostet, der der Sünde Sold ist (Röm 6,23). Darum brauche ich nicht zu verzweifeln in den sündigen Finsternissen meines Lebens. Ich verehre das Geheimnis, das den Tod des Herrn verkündigt, bis er wiederkommt. Darum kann ich zuversichtlich sein, wenn die Ohnmacht des Fleisches, der Sünde, mich zu zermalmen scheint. Durch den Gekreuzigten hat sich alles gewandelt, Finsternis zu Licht, Tod zu Leben, leere Einsamkeit in erfüllte Nähe, Ohnmacht in Kraft. Durch das Sakrament, in dem der Gekreuzigte und Auferstandene Dasein gewinnt für mich, bitte ich dich, ewiger Vater, ich, der arme Sünder, dich, den Vater der Erbarmungen und den Gott allen Trostes: Erbarme dich meiner, o Gott, nach der großen Fülle deines Erbarmens. Und mein armes Herz wird deine Güte in Ewigkeit preisen. Amen.

Gott meines Lebens

Mit dir will ich reden, und was kann ich da anderes reden als von dir. Denn könnte etwas sein, das nicht schon von Ewigkeit bei dir, in deinem Geist und deinem Herzen Heimat und letzten Grund hätte? Ist also nicht, was immer ich sage, ein Wort über dich? Aber wenn ich mit dir von dir rede, leise und scheu, dann vernimmst du doch wieder ein Wort über mich selber, der ich doch von dir reden will. Denn was könnte ich von dir sagen, als daß du mein Gott, Gott meines Anfangens und Endens, Gott meiner Freude und meiner Not, der Gott meines Lebens bist? Ja, selbst wenn ich dich bekenne als den, der meiner nicht bedarf, der ferne erhaben über allen Tälern steht, in denen sich die Wege meines Lebens dahinschleppen, dann habe ich wiederum dich als den Gott meines Lebens genannt. Denn wärest du der *Gott* meines Lebens, wenn du nicht mehr wärest als der Gott *meines* Lebens? Wenn ich dich preise, dich, Vater, Sohn, Geist, wenn ich bekenne das dreimal heilige Geheimnis deines Lebens, das ewig so in den Abgründen deiner Unendlichkeit verborgen ist, daß es keine Spur in deiner Schöpfung hinterläßt, die wir von uns aus deuten könnten – hättest du mir dieses Geheimnis *deines* Lebens geoffenbart, könnte ich bekennen und lieben dich, Vater, und dich, ewiges Wort des väterlichen Herzens, und dich, Geist des Vaters und des Sohnes, wenn nicht in der Gnade *dein* Leben mein Leben geworden wäre, wenn du nicht aus Gnade auch als Dreifaltiger der Gott meines Lebens wärest?

Gott meines Lebens! Aber was sage ich denn, wenn ich dich meinen Gott, den Gott meines Lebens nenne? Sinn meines Lebens? Ziel meiner Wege? Weihe meiner Taten? Gericht meiner Sünden? Die Bitterkeit meiner bitteren Stunden und mein geheimstes Glück? Kraft, die meine Kraft mit Ohnmacht schlägt? Schöpfer, Erhalter, Begnadiger, Naher und Ferner? Unbegreiflicher? Gott meiner Brüder? Gott meiner Väter? Gibt es Namen, die ich dir nicht geben müßte? Aber was habe ich gesagt, wenn ich dir alle gegeben? Wenn ich, stehend am Rande deiner Unendlichkeit, hineingerufen hätte in die weglosen Fernen deines Seins alle die Worte zumal, die ich aufgelesen habe in der ärmlichen Enge meiner Endlichkeit? Nie hätte ich dich ausgesagt.

Aber warum fange ich dann überhaupt an, dir von dir zu reden? Warum quälst du mich mit deiner Unendlichkeit, wenn ich sie doch nie ermesse? Warum zwingst du mich auf deine Wege, wenn sie doch nur in die dunkle Unheimlichkeit deiner Nacht führen, die nur dir selber licht ist? Das Endliche und Greifbare nur ist uns wirklich und erreichbar nahe; kannst du mir da wirklich und nahe sein, wenn ich dich als den Unendlichen bekenne? Warum hast du dein Zeichen eingebrannt in meine Seele bei der Taufe, warum mir das Licht des Glaubens entzündet, dieses dunkle Licht, das uns aus der hellen Sicherheit unserer Hütten in deine Nacht lockt, warum hast du mich zu deinem Priester gemacht, zu einem, dessen Beruf es ist, für die Menschen bei dir zu sein, bei dem wir doch den Atem unserer Endlichkeit nicht finden?

Sieh doch, Herr, die vielen Menschen – verzeih

mir, wenn ich wage, über sie zu urteilen –, aber denken sie oft an dich? Bist du das Erste und Letzte, das ihren Geist und ihr Herz in Unruhe hält? Richten sie sich nicht auch ohne dich in dieser Welt ein, in der sie sich auskennen, wo sie wissen, womit sie zu rechnen haben? Bist du ihnen bei diesem ihrem Beruf mehr als der, der dafür sorgen soll, daß diese Welt so in ihren Fugen bleibt, daß sie deiner nicht bedürfen? Sage selbst, bist du der Gott ihres Lebens? Ich weiß nicht, Herr, ob es wahr ist, was ich von den Menschen sagte: Wer kennt das Herz eines anderen Menschen, wo du allein – nicht ich – mein eigenes verstehst? Ich habe an die andern gedacht – du weißt es ja, du siehst mir ins tiefste Herz, Verborgener, dem nichts verborgen –, weil sich gar oft in meinem Herzen ein geheimes Wünschen erhebt, so zu sein, wie diese andern mir erscheinen.

Herr, wie wird mein Geist ratlos, wenn ich von dir zu dir rede! Wie kann ich dich anders nennen als den Gott meines Lebens? Aber was habe ich damit gesagt, wenn doch kein Name dich nennt und ich darum immer versucht bin, von dir mich fortzuschleichen zu den Dingen, die begreiflicher als du, meinem Herzen heimlicher sind als deine Unheimlichkeit?

Doch wohin sollte ich gehen? Wäre die enge Hütte mit ihren kleinen vertrauten Dingen, wäre das irdische Leben mit seinen großen Freuden und Schmerzen mir Heimat, wäre nicht all das umschlossen von deinen fernen Unendlichkeiten? Ist die Erde mir Heimat, wenn nicht dein ferner Himmel über ihr steht? Ja, selbst wenn ich mich mit dem bescheiden wollte, was heute so manche als den Sinn ihres Lebens verkünden, wenn ich trotzig entschlossen meine Endlichkeit erkennen und mich zu ihr allein bekennen wollte, ich könnte diese Endlichkeit nur darum wachen Geistes erkennen, nur darum als mein einziges Schicksal auf mich nehmen, weil ich immer schon zuvor hinausgeblickt habe in grenzenlose Fernen, an deren verschwimmenden Horizonten die Unendlichkeiten deines Lebens beginnen. Denn alle meine Endlichkeit versänke in ihrer eigenen dumpfen, sich selbst verborgenen Enge, sie könnte nicht zum sehnenden Schmerz und nicht zum entschlossenen Sichabfinden werden, hätte nicht der wissende Geist sich immer schon hinausgeschwungen über seine eigene Endlichkeit, hinaus in die lautlosen Weiten, die du, die schweigende Unendlichkeit, erfüllst. Wohin also soll ich fliehen vor dir, wenn alle Sehnsucht nach dem Grenzenlosen und aller Mut zu meiner Endlichkeit dich bekennt?

Was habe ich also anders dir von dir zu sagen, als daß du der bist, ohne den ich nicht sein kann, als daß du die Unendlichkeit bist, in der allein ich, Mensch der Endlichkeit, zu leben vermag? Und wenn ich das von dir sage, dann habe ich mir meinen wahren Namen gegeben, den ich im Psalter Davids immer bete: tuus sum ego: ich bin der, der sich nicht selbst gehört, sondern dir. Mehr weiß ich nicht von mir, mehr nicht von dir – Du –, Gott meines Lebens, Unendlichkeit meiner Endlichkeit.

Was hast du mir angetan, wie hast du mich geschaffen, wenn ich von dir und mir nur weiß, daß du das ewige Geheimnis meines Lebens bist? Herr, welch schreckvolles Rätsel ist doch der

Mensch: er gehört dir, und du bist der Unbegreifliche. Unbegreiflich in deinem Wesen, noch unbegreiflicher in deinen Wegen und Gerichten. Denn wenn all dein Handeln mit mir Tat deiner Freiheit, deine grundlose Gnade ist, die kein Warum kennt, wenn meine Erschaffung und mein ganzes Leben deine freie Entscheidung ist, wenn alle meine Wege im Grunde deine Wege sind, die unerforschlichen, Herr, dann ergründet kein Warum meines Geistes jemals dich, dann bist du noch der Unbegreifliche, wenn ich dich anblicke von Angesicht zu Angesicht. Aber wärest du nicht der Unbegreifliche, dann wärest du mir untertan, weil ich dich begriffen und ergriffen hätte, du würdest mir gehören, und nicht ich dir. Aber es wäre die Hölle selbst, das Schicksal der Verdammten, gehörte ich Endlicher mit meinem begriffenen Sein mir selbst, müßte ich ewig im Gefängnishof meiner Endlichkeit die Runde machen.

Aber kannst du mir auch Heimat sein, du, der mich entläßt aus den Kerkermauern meiner engen Endlichkeit: Oder bist du mir nur zu einer andern, neuen Qual meines Lebens, wenn du mir die Türe öffnest, die hinausführt in deine Weiten? Bist du mehr als mein großes Ungenügen, wenn alle meine Erkenntnis doch nur in deine Unbegreiflichkeiten führt: Bist du nur die ewige Unruhe für den rastlosen Geist? Muß alles Fragen ohne Antwort vor dir verstummen? Bist du nur das schweigende „So-ist-es", vor dem alles Verstehenwollen ohnmächtig zusammenbricht?

Ich frage dich wie ein Tor. Verzeih mir. Du hast mir durch deinen Sohn gesagt, daß du der Gott meiner Liebe bist. Du hast mir geboten, dich zu lieben. Deine Gebote sind oft schwer, weil du oft das gebietest, nach dessen Gegenteil der Mut mir stünde. Da du mir aber gebietest, dich zu lieben, befiehlst du, was zu tun ich ohne deinen Befehl den Mut nicht hätte: dich zu lieben, dich selber ganz nahe. Dein eigenes Leben lieben. In dich hinein mich selber verlieren, wissend, daß du mich aufnimmst hinein in dein Herz, daß ich dir, dem unbegreiflichen Geheimnis meines Lebens liebend du sagen darf, weil du die Liebe selber bist. Erst in der Liebe finde ich dich, meinen Gott. Da tun sich auf die Tore meiner Seele, da kann ich mich loslassen und vergessen, da strömt all mein Sein hinweg über die starren Mauern meiner Enge und meiner ängstlichen Selbstbehauptung, die mich einschlossen in meine eigene Armut und Leere; alle Kräfte meiner Seele fließen dir entgegen und wollen nicht mehr zurückkehren, sondern sich verlieren in dir, der du in der Liebe die innerste Mitte meines Herzens bist, mir näher als ich mir selbst.

Wenn ich aber dich liebe, wenn ich nicht mehr mit meiner Fragequal ruhelos nur um mich selber kreise, nicht mehr bloß wie von ferne und von außen hinblicke wie mit blinden Augen in dein unnahbares Licht, wenn vielmehr du selbst, Unbegreiflicher, durch solche Liebe die innerste Mitte meines eigenen Lebens geworden bist, dann habe ich mich und mit mir alle meine Fragen in dich, geheimnisvoller Gott, hineinvergessen. Solche Liebe will dich, wie du bist. Wie sollte sie dich anders wollen, sie, die doch gerade dich selber will und nicht dein Bild im eigenen Geist, dich allein, mit dem sie eins wird, so daß du selbst, nicht nur

dein Bild, dem Liebenden gehörst im selben Augenblick, wo er aufhört, sich selber zu besitzen.
Die Liebe will dich, so wie du bist. Und wie sie
weiß, daß sie gut ist und recht hat und keines weiteren Grundes bedarf, so bist du ihr gut und recht,
und sie umfaßt dich, unbedürftig einer Erklärung,
warum du gerade so bist. Dein „So-ist-es" selbst
ist ihr höchste Seligkeit. In dieser Seligkeit will
dann meine Erkenntnis dich nicht mehr zu mir
herunterzwingen, um dir dein ewiges Geheimnis
zu entreißen. Die Liebe reißt mich zu dir empor,
in dich hinein. Wenn ich mich selber aufgebe in
der Liebe, bist du mir selbst mein Leben, und
deine Unbegreiflichkeit ist verschlungen in der
Einheit der Liebe. Deine Unbegreiflichkeit zu begreifen ist Seligkeit, wenn man dich lieben darf. Je
ferner dann die Unendlichkeit deines Wesens
meinem Nichts ist, um so mehr fordert sie die
Kühnheit meiner Liebe heraus. Je restloser die Ab-
hängigkeit meines fragwürdigen Seins von deinen
unerforschlichen Ratschlüssen ist, um so unbe-
dingter soll sein das selige Anvertrauen meines eigenen Wesens an dich, geliebter Gott. Je vernich-
tender die Unbegreiflichkeit deiner Wege und Gerichte, um so größer soll sein der heilige Trotz
meiner Liebe, die um so größer und seliger ist, je
weniger dich mein armer Geist begreift.

Gott meines Lebens, Unbegreiflicher! Sei mein
Leben. Gott meines Glaubens, der mich in dein
Dunkel führt, Gott meiner Liebe, die dein Dunkel
zum süßen Licht meines Lebens macht, sei du der
Gott meiner Hoffnung, daß du sein wirst: Gott
meines Lebens, das die ewige Liebe ist.

Gott der Erkenntnis

Was habe ich nicht schon alles durch meinen Geist ziehen lassen, gedacht und gelernt, mein Gott! Nicht, als ob ich nun wüßte, was ich gelernt habe. Ich habe vieles gelernt, weil ich mußte oder weil ich selber es wollte. Aber das Endergebnis ist beide Male dasselbe: ich habe es wieder vergessen. Vergessen, weil der arme, enge Geist das eine nicht aufnehmen und behalten kann, wenn er das andere nicht wieder versinken läßt, vergessen, weil vielleicht auch schon beim Lernen eine geheime Gleichgültigkeit mich darin hinderte, daß ein neues Wissen mehr werde als ein neuer Gegenstand der Langeweile und des Vergessens. Jedenfalls habe ich das meiste gelernt, um es wieder zu vergessen und um die Erfahrung meiner Armut, Enge und Beschränktheit auch im Wissen zu machen. Ja, dieses „um zu" ist kein Sprachfehler, den die Grammatiker oder Logiker rot anstreichen dürften. Denn siehe, Herr: Wenn das Vergessen und Versinken nur ein trauriges Mißgeschick, nicht aber das rechte Ende all meines Wissens und all meiner Wissenschaft wäre, dann müßte ich ja wünschen, noch alles zu wissen, was ich einmal gelernt habe. Aber nein, mir graut vor diesem Gedanken: ich wüßte noch alles, was ich in den vielen Fächern der Schule und der Universität gehört und mir eingelernt habe, ich wüßte noch, was ich in müßigen Gesprächen vernommen, in fremden Ländern gesehen und in Museen schon betrachtet habe. Was hätte ich von all dem, wenn ich es wüßte? Wäre ich reicher, erfüllter? Wie sollte ich überhaupt das alles noch besitzen? Sollte ich es im Gedächtnis gleichsam eingelagert zur Verfügung haben, um es einzeln bei Bedarf hervorzuholen? Aber wozu sollte ich so all dessen noch bedürfen? Ich müßte ja dann mein Leben noch einmal von vorne leben. Oder sollten – im Idealfall – all diese Erkenntnisse auf einmal gewußt vor meinem Geiste stehen? Aber was sollte dieser wirre unübersehbare Schwarm von gewußten Dingen und einmal erworbenen Kenntnissen in meinem Bewußtsein mir helfen können? Mein Gott, es ist gut, zu vergessen, und an den meisten Dingen, die ich einmal wußte, ist die beste Seite, daß man sie wieder versinken lassen kann, daß man sie und ihr Wissen durchschaut in ihrer Ärmlichkeit.

Mein Gott, man sagt – und darf ich es bestreiten? –, daß das Erkennen zum Höchsten im Menschen gehöre und zu den eigentlichsten Taten seines Lebens. Und du selbst wirst genannt: Deus scientiarum Dominus: Herr Gott alles Wissens. Was soll ich dazu sagen? Ist dem denn nicht entgegen die Erfahrung deines alten Weisen: Ich richtete mein Herz darauf, Klugheit und Lehre, Irrtum und Torheit zu erforschen, und ich ward inne, daß auch darin Mühe und Geistesplage ist. Denn bei vielem Wissen ist viel Mißmut, und wer die Kenntnis mehrt, mehrt auch das Leid? (Koh 1, 17 f.) Man sagt, daß Erkennen die innerlichste Weise sei, etwas zu besitzen und zu umfassen, und mir will scheinen, daß Erkennen nur die Oberfläche der Dinge eben anrührt, daß sie nicht eindringt in mein Herz, in jene Tiefen meines Wesens, in denen ich wirklich ich bin, sondern nur eine immer neue Betäubung der Langweile und der Öde meines Herzens ist, das nach wahrem Leben und wahrem Besitz der Dinge hungert, nach dem Leben, in dem alle Wirklichkeit, nicht bloß ihre Begriffe und Worte, selbst wie in einer rauschenden Melodie in mein Herz strömt.

Wahrhaftig, mein Gott, bloßes Wissen ist nichts, es wirkt nichts als das Leid der Erfahrung, daß man so die Wirklichkeit nie zum eigenen Leben machen kann. Nur die Erfahrung wissender Liebe läßt mein Herz an das Herz der Dinge rühren. Nur die Erfahrung wandelt mich selber um. Nur wenn ich selber ganz dabei bin – und nur in wissender Liebe, nicht im bloßen Erkennen bin ich ganz dabei –, wandelt die Begegnung mit der Wirklichkeit mich selbst ganz, und nur dann habe ich ein „Wissen", das ich selber bin, das nicht bloß wie ein flüchtiger Schatten über die Bühne meines Bewußtseins zieht, sondern bleibt, weil und wie ich selber bleibe. Nur ein Erfahrenes, ein Erlebtes und Erlittenes ist ein Wissen, das sich nicht am Ende enttäuscht in Langweile und Vergessen wandelt, sondern das Herz erfüllt mit der wissenden Weisheit erfahrener Liebe. Nicht das Ausgedachte, sondern das Durchlebte und Durchlittene soll meinen Geist und mein Herz erfüllen. Und alles gelernte Wissen ist nicht mehr als eine kleine Hilfe, der Erfahrung des Lebens, die allein weise macht, mit bereitem, wachem Geist zu begegnen.

Dank deiner Barmherzigkeit, du unendlicher Gott, daß ich von dir nicht bloß weiß mit Begriffen und Worten, sondern dich erfahren, erlebt und erlitten habe. Denn die erste und letzte Erfahrung meines Lebens bist du. Ja wirklich du selber, nicht dein Begriff, nicht dein Name, den wir dir gegeben. Denn du bist im Wasser und im Geist der Taufe über mich gekommen. Da habe ich nichts über dich ausgedacht und ausgeklügelt. Da hat mein Verstand mit seinem vorlauten Scharfsinn noch geschwiegen. Da bist du selbst, ohne mich zu fragen, zum Geschick meines Herzens geworden. Du hast mich ergriffen, nicht ich habe dich „begriffen", du hast mein Sein von seinen letzten Wurzeln und Ursprüngen her umgestaltet, du hast mich deines Seins und Lebens teilhaftig gemacht, dich mir geschenkt, dich selber, nicht bloß eine ferne undeutliche Kunde von dir in Menschenworten. Dich kann ich darum nicht vergessen, weil du ja die innerste Mitte meines Wesens geworden bist. Wenn du in mir lebst, geistern nicht bloß leere, blasse Worte von aller Wirklichkeit in meinem Geist, die in ihrer Vielfalt und ihrem Durcheinander mein Herz nur verwirren und meinen Geist müde machen. In der Taufe hast du, Vater, *dein* Wort durch mein Wesen hindurchgesprochen, das Wort, das *vor* allen Dingen war, wirklicher als sie, in dem alle Wirklichkeit und alles Leben erst Bestand hat. Dieses Wort, in dem allein das Leben ist, ist durch deine Tat, Gott der Gnade, meine Erfahrung geworden. Seiner wird der Geist nie überdrüssig, weil es eines und doch unendlich ist, es weilt nie zu lange in meinem Geist, so daß es langweilig werden könnte, weil es ewig ist, und so meinen Geist selbst aus dem immerwährenden Wechsel und der Unbeständigkeit hinüberzieht in die stille, freudevolle Ruhe immer alten und immer neuen Besitzes von allem in einem. Dein Wort und deine Weisheit ist in mir, nicht weil ich dich mit meinem Begreifen erkenne, sondern weil ich von dir erkannt bin zu deinem Sohn und deinem Freund. Noch bedarf zwar dieses Wort, das, aus deinem Herzen dir wesensgleich geboren, in mein Herz hineingesprochen wurde, für mich der Auslegung durch das äußere Wort, das im Glauben durch Hören aufgenommen wird. Noch ist dein lebendiges Wort mir dunkel, noch tönt es aus den letzten Tiefen meines Herzens, in die du es hineingesprochen hast, nur leise und wie im fernen Widerhall in die Vordergründe meines bewußten Lebens hinein, in denen *mein* Wissen sich breit macht, das Wissen, das Mißmut und Geistesplage wirkt und nichts als die bittere Erfahrung, daß es vergessen wird und Vergessen verdient, weil es aus sich nie Einheit und Leben wird. Und doch ist hinter dieser Mühe und Geistesplage jetzt schon ein anderes „Wissen" in mir gnadenvolle Wirklichkeit: *Dein* Wort und dein ewiges Licht.

Wachse in mir, strahle in mir immer mehr auf, erleuchte mich, ewiges Licht, süßes Licht der Seele. Ertöne in mir immer vernehmlicher, Wort des Vaters, Wort der Liebe, Jesus. Du hast gesagt, daß du uns alles geoffenbart hast, was du vom Vater gehört hast. Dein Wort ist wahr. Denn was du vom Vater gehört hast, bist du selber, Wort des Vaters, das um sich selber und um den Vater weiß. Und du bist mein, du Wort über allen Menschenworten, du Licht, vor dem alles irdische Licht Nacht wird. Du allein sollst mir leuchten, du allein mir reden. Alles, was ich sonst noch weiß und lernte, soll mir nichts sein als ein Weggeleite zu dir, soll mich in dem Leid, das es mir nach dem

Wort deines Weisen bereitet, reif machen, dich immer besser zu verstehen. Wenn es dies bewirkt hat, dann darf es selber wieder schwinden in Vergessenheit.

Dann wirst du einmal das letzte Wort sein, das einzige, das bleibt und das man nie vergißt. Dann, wenn einmal im Tode alles schweigen wird, und ich ausgelernt und ausgelitten habe. Dann wird das große Schweigen beginnen, in das du allein hineintönst, du Wort von Ewigkeit zu Ewigkeit. Dann werden alle Menschenworte verstummt sein, Sein und Wissen, Erkennen und Erfahren werden dasselbe geworden sein: „Ich werde erkennen, wie ich erkannt bin", werde verstehen, was du mir schon immer gesagt hast: dich selber. Kein Menschenwort, kein Bild und kein Begriff wird mehr zwischen mir und dir stehen, du selbst wirst das eine Jubelwort der Liebe und des Lebens sein, das alle Räume meiner Seele füllt.

So sei denn jetzt schon mein Trost, wenn alles Wissen, wenn selbst deine Offenbarung im Menschenwort die Sehnsucht des Herzens noch nicht stillt, wenn meine Seele müde wird bei all den vielen Worten, die wir von dir machen, und in denen wir dich selbst doch noch nicht haben. Mögen meine Gedanken in stillen Stunden aufleuchten, um im Alltag wieder zu verblassen, mögen mir Erkenntnisse kommen, um wieder in Vergessenheit zu sinken, dein Wort lebt in mir, von dem geschrieben steht: das Wort des Herrn bleibt in Ewigkeit. Du selbst bist meine Erkenntnis, die Licht und Leben ist, du selbst bist meine Erkenntnis und Erfahrung, du, Gott der einen Erkenntnis, die ewig ist und Glück ohne Ende.

Gott meiner Gebete

Von meinen Gebeten will ich zu dir reden, Herr. Und wenn es mir sonst scheinen will, daß du wenig achtest auf das, was meine Gebete dir sagen wollen, dann horch doch dieses eine Mal auf meine Worte. Ach, Herr Gott, ich wundere mich nicht, daß meine Gebete noch so weit von dir zu Boden fallen. Ich höre ja selber oft nicht auf das, was ich bete. Mein Beten ist mir so oft eigentlich nur eine „Aufgabe", ein „Pensum", das ich erledige, danach ich froh bin, wenn ich es hinter mir habe. Und darum bin ich beim Beten bei meiner „Aufgabe", statt betend bei *dir* zu sein.

Ja, so ist mein Beten. Ich gestehe es ein. Aber, mein Gott, es will mir fast nicht gelingen, mein Beten, das keines ist, zu bereuen. Wie soll der Mensch mit dir reden können? Du bist so fern und unfaßbar. Wenn ich bete, dann ist es mir, als fielen alle meine Worte in eine dunkle Tiefe, aus der kein Echo zurückkommt, das melden *würde*, daß meine Gebete den Grund deines Herzens gefunden haben. Herr, ein Leben lang beten, reden, ohne eine Antwort zu hören, ist das nicht zu viel für mich? Verstehst du, daß ich dir immer wieder davonlaufe und mit Menschen und Dingen rede und handle, die mir Antwort geben? Oder soll ich die Rührung, die mir beim Beten kommt, oder den Einfall, den ich bei der Betrachtung habe, als dein Wort und deine Erleuchtung ausgeben? O Gott, die Frommen sind da so schnell bei der Hand. Aber mir fällt es gar schwer, das zu glauben. Ich finde immer wieder mich selbst in all diesen Erlebnissen und nur das leere Echo meiner eigenen Rufe. Aber dein Wort, dich selber will ich. Ich selber und meine Einfälle sind mir höchstens für andere nützlich, selbst wenn diese Einfälle sich auf dich beziehen und die Leute sie am Ende noch für tief halten. Mir graut vor meiner „Tiefe", die nur die Flachheit eines Menschen ist, und eines ganz gewöhnlichen noch dazu. Und eine „Innerlichkeit", in der man nur sich selbst findet, macht das Herz noch leerer als alle Zerstreutheit und Verlorenheit in das Getriebe der Welt. Mich selber kann ich nur ertragen, wenn ich mich vergessen kann, indem ich von mir weg betend auf dich hin lebe. Aber wie soll ich dies können, wenn du dich mir nicht zeigst, wenn du so fern bleibst? Warum schweigst du also? Warum legst du mir auf, zu dir zu sprechen, wenn du nicht zuzuhören scheinst? Wenn du schweigst, ist das denn kein Zeichen, daß du mir nicht zuhörst?

Oder hörst du doch meinem Wort aufmerksam zu, hörst du vielleicht mein Leben lang zu, bis ich mich ganz dir gesagt habe, mein ganzes Leben herausgesagt habe? Schweigst du gerade, weil du stille lauschend zuhörst, bis ich wirklich fertig bin, um mir dann *dein* Wort zu sagen, das Wort deiner Ewigkeit, um dann endlich einmal den lebenslangen Monolog eines armen Menschen im lastenden Dunkel dieser Welt zu beenden mit dem leuchtenden Wort des ewigen Lebens, in dem du selber dich mir ins Herz hineinsagen wirst? Ist mein Leben im Grunde doch nur ein einziges kurzes Stoßgebet – und alle meine Gebete nur seine Fassung in Menschenworte – und ist dein ewiger Besitz deine ewige Antwort darauf? Ist dein

Schweigen, wenn ich bete, ein Reden voll unendlicher Verheißung, ein Wort, das unausdenkbar inhaltsschwerer ist als jedes laute Wort, das du jetzt in die Endlichkeit meines engen Herzens hineinsprechen könntest, so daß es selbst so arm und klein würde wie mein eigen Herz?

Herr, es wird wohl so sein. Aber wenn das deine Antwort auf meine Klage wäre, falls du reden wolltest, dann habe ich aufs neue eine Widerrede bereit, und sie kommt aus einem noch bekümmerteren Herzen als meine Klage über dein Schweigen, du, mein ferner Gott.

Wenn mein Leben ein einziges Gebet sein soll und mein Beten ein Stück eines solchen Lebens, das sich betend vor dein Angesicht trägt, dann muß ich doch auch die Macht haben, mein Leben, mich selber vor dich zu bringen. Aber, siehe, das eben geht über meine Kraft. Wenn ich bete, dann redet mein Mund, dann führen, wenn ich „gut" bete, meine Gedanken und meine Willensentschlüsse gutwillig ihr befohlenes und eingelerntes Spiel auf. Aber bin ich dann der selbst, der gebetet wird? Ich sollte doch nicht Worte beten oder Gedanken oder Entschlüsse, sondern mich selbst! Mein guter Wille gehört doch selbst viel zu sehr zur Oberfläche meiner Seele und ist zu schwach, um in jene tiefen Schichten meines Wesens zu dringen, wo ich – ich selber bin, wo die verborgenen Wasser meines Lebens steigen und fallen nach eigenem Gesetz. Wie wenig Macht habe ich doch über mich selbst! Liebe ich dich denn, wenn ich dich lieben *will?* Liebe ist doch ein Sichverströmen in dich hinein, ein Anhangen an dich mit der letzten Tiefe des eigenen Wesens. Wie aber soll

ich liebend beten, wenn das Gebet der Liebe die
Übergabe des letzten Grundes meines Herzens,
ein Öffnen der innersten Kammer meiner Seele
sein soll und ich doch selber gar nicht die Macht
habe, die Tore dieser innersten Kammer zu öffnen, sondern selbst ohnmächtig und machtlos vor
meinem letzten Geheimnisse stehe, das wie in
schwerer dumpfer Unbeweglichkeit in Gründen
begraben liegt, in die meine alltägliche Freiheit
nicht vordringt? Mein Gott, ich weiß, Gebet muß
nicht notwendig Enthusiasmus und Verzückung
sein und kann mich doch so ganz in deine Gewalt
und Verfügung geben, daß nichts mehr dir vorbe-
halten bleibt. Gebet, das diesen Namen mit Recht
trägt, braucht nicht fröhlicher Jubel zu sein und
der strahlende Glanz eines unbekümmerten Sich-
selbstverschenkens. Gebet kann sein wie ein inneres Bluten, in dem in Kümmernis und Schmerz
das Herzblut des inneren Menschen still in seine
eigene Tiefe hineinversickert. Es wäre mir recht,
wenn ich auf diese oder die andere Art zu beten
vermöchte, wenn ich es dabei nur fertig brächte,
dir betend zu geben, was allein du willst: nicht
meine Gedanken und Gefühle und Entschlüsse,
sondern mich selbst. Aber eben das vermag ich
nicht, weil ich in der alltäglichen Oberflächlichkeit
meines Lebens, in die ich notwendig hinausgesto-
ßen bin, mir selber fremd und nicht bei mir bin.
Wie kann ich dich suchen, dich fernen Gott, wie
mich selbst dir überantworten, wenn ich mich
selbst nicht gefunden habe?

Sei mir barmherzig, mein Gott. Wenn ich das
Gebet fliehe, will ich nicht dich fliehen, sondern
mich in meiner Oberflächlichkeit, ich will nicht

deiner Unendlichkeit und Heiligkeit entlaufen, sondern der Öde des leeren Marktes meiner Seele, auf dem ich herumirren muß, wenn ich die Welt fliehe und doch nicht eintreten kann in das wahre Heiligtum meines Innern, in dem du allein zu finden und anzubeten wärest. Versteht dein Mitleid mit mir denn nicht, daß ich, ausgeschlossen vom Ort, wo du wohnst, und verbannt auf den Markt vor deiner Kirche, diesen Markt leider fülle mit der Geschäftigkeit der Welt; versteht deine Barmherzigkeit denn nicht, daß der leere Lärm dieser Geschäftigkeit mir süßer ist als die grimmige Stille, die das einzige Ergebnis ist, wenn ich der Welt im Gebet Schweigen gebiete, ohne daß ich – wenigstens durch dein beredtes Schweigen – schon hineingezogen wäre in dich?

Was soll ich tun? Du hast mir geboten zu beten, und wie sollte ich glauben, du gebötest mir etwas zu tun, was mir mit deiner Gnade zu tun unmöglich wäre? Ich glaube, daß du mir zu beten aufgetragen hast und daß ich es mit deiner Gnade auch vermag. Dann aber kann das Beten, das du von mir forderst, im letzten Grunde nur sein: das Warten auf dich, das schweigende Bereitstehen, bis du, der du schon immer in der innersten Mitte meines Wesens bist, mir von innen das Tor aufschließest, damit auch ich in mich selbst eintrete, hinein in das verborgene Heiligtum meines Lebens, um dort vor dir einmal wenigstens die Schale meines Herzblutes auszugießen. Das wird dann die Stunde *meiner* Liebe sein. Ob sie kommt in einem „Gebet" – was man im Alltag so nennt – oder in einer anderen Stunde der Entscheidung über das Heil meiner Seele, oder in meinem Sterben, ob sie mir *als* diese Stunde meines Lebens vernehmlich wird oder nicht, ob sie lange dauert oder kurz, das alles ist dir allein bekannt. Aber ich muß bereitstehen und muß harren, damit ich nicht, wenn du das Tor zur Entscheidung meines Lebens öffnest – vielleicht tust du es leise und unauffällig –, verloren an die Dinge dieser Welt, versäume einzutreten in mich und in dich. Dann werde ich in meinen zitternden Händen mich selber, jenes namenlose Etwas halten, in dem noch alle meine Kräfte und Eigenschaften wie in ihrem Ursprung eins sind, und dieses Namenlose dir zurückgeben im Opfer der Liebe. Ich weiß nicht, ob diese Stunde nicht schon angebrochen ist in meinem Leben, ich weiß nur, daß sie erst in meinem Tode endgültig ihr Ende findet. In dieser seligen und furchtbaren Stunde meiner Liebe wirst du noch schweigen und mich – mich selber sagen lassen. Nacht des Geistes nennen die Theologen solcher Entscheidung dein Schweigen in dieser Stunde, und jene, die sie erfahren, heißen gewöhnlich „Mystiker" – ein Wort, unter dem sich die Leute so viel Albernes vorstellen –, sie, die diese Stunde ewiger Liebesentscheidung nicht bloß wie alle Menschen durchlebten, sondern sich gleichsam dabei auch noch selber zusehen konnten. Und nach der Stunde *meiner* Liebe, die in dein Schweigen gehüllt ist, wird dann der Tag *deiner* Liebe kommen: visio beatifica, seliges Schauen. Jetzt also, da ich nicht weiß, wann meine Stunde kommt und ob sie nicht schon angebrochen ist, muß ich warten auf dem Vorplatz vor deinem und meinem Heiligtum, muß ihn leeren von dem Lärm der Welt, muß die bittere Stille und Öde, die so entsteht – Nacht der Sinne – in deiner Gnade und im reinen Glauben aushalten. Das ist der letzte Sinn aller meiner alltäglichen Gebete. Nicht, was ich dabei denke, nicht, was ich dabei beschließe und fühle, nicht dieses Tun meines oberflächlichen Denkens und Wollens, nicht das in sich selbst ist es, was dir an meinem Gebet gefällt. Das alles ist ein Gebot und deine Gnade, damit die Seele bereit sei für die Stunde, da du ihr die Möglichkeit gibst, sich selbst in dich hineinzubeten. Gib mir, o Gott meiner Gebete, die Gnade, betend auf dich zu warten.

Gott der Gesetze

In deinem Wort steht von dir, o Gott, du seiest Geist. Und von deinem Heiligen Geist heißt es, er sei der Geist der Freiheit. „Der Herr ist Geist, wo aber der Geist des Herrn ist, da ist Freiheit" (2 Kor 3, 17). Und dieses Wort ist nicht von dir gesagt, insofern du die schrankenlosen Weiten deines eigenen Lebens frei durchwaltest, sondern insofern du unser Geist und unser Leben bist. O Gott der Freiheit, du unser Gott! Siehe, es könnte mir manchmal fast scheinen, daß wir dieses Wort über dich glauben, weil wir wissen, daß wir durch dein Glaubensgesetz gebunden sind, daß wir dich als unseren Gott der Freiheit bekennen, weil wir müssen, weniger aber, weil der weite freie Überschwang deines Lebens unser Herz erfüllt und dein brausender Geist, der weht, wo er will, uns freigemacht hat.

Bist du in meinem Leben der Geist der Freiheit
oder der Gott der Gesetze? Oder bist du beides?
Oder bist du der Gott der Freiheit durch das Gesetz? *Deine* Gesetze, die du selbst gegeben hast,
sind keine Fesseln. Daß deine eigenen Gebote Gebote der Freiheit sind, das ist wahr. Sie machen in
ihrer herben Nüchternheit und Unerbittlichkeit
frei von dem dumpfen Versinken in meiner eigenen Enge mit ihrer ärmlichen und feigen Lust. Sie
wecken die Freiheit der Liebe zu dir. Sie sind
Wahrheit, weil sie befehlen, das, was oben ist,
obenan zu stellen und das Niedrige nicht auf den
Altar des eigenen Lebens zu erhöhen. Und weil
sie Wahrheit sind, machen sie frei, diese Gebote,
die du selbst im Neuen Bund gegeben – oder eigentlich gelassen hast, da du das alte Gesetz ab-
schafftest, als Christus „uns zur Freiheit befreit
hat" (Gal 5, 1), und so uns nichts mehr blieb als
das „Gesetz der Freiheit" (Jak 2, 12). Deine eigenen
Gebote mögen schwer sein, aber sie machen frei.

Aber, Herr, die Gebote, die von Menschen gegeben sind, gegeben in deinem Namen? Laß mich
dir, Gott der Freiheit und des ehrlichen Wortes,
einmal frei aussprechen, was in griesgrämigen
und grübelnden Stunden durch mein Herz ziehen
mag. Du hörst ja auch solche Gedanken gütig an.
Herr, du hast das alte Gesetz abgeschafft, „das weder wir noch unsere Väter zu tragen vermochten"
(Apg 15, 10). Aber du hast Obrigkeiten in dieser
Welt bestellt, weltliche und vor allem geistliche:
und mir will manchmal scheinen, die haben gar
emsig die Lücke an den Zäunen der Satzungen
und Vorschriften wieder ausgefüllt, die dein Geist
der Freiheit im Pfingststurm gerissen hatte. Da

sind die 2414 Paragraphen des kirchlichen Ge-
setzbuches. Ach, sie haben eigentlich auch nicht
ausgereicht; wie viele responsa sind zur Freude
der Juristen schon wieder dazugekommen. Und
die paar tausend liturgischen Dekrete heischen
auch Beobachtung. Um dich im Brevier „in Psalmen und Lobgesängen und geistlichen Liedern"
zu preisen, um dir „zu spielen und zu singen im
Herzen" (Eph 5, 19), muß ich einen „Fahrplan", ein
Direktorium haben, das jedes Jahr neu gedruckt
werden muß, so verzwickt ist dieses Lob Gottes.
Und ein „Amtsblatt" gibt es im Reiche deines Heiligen Geistes auch, und unzählige Aktenbündel,
Anfragen, Antworten, Berichte, Entscheidungen,
Sitzungen, Zitationen, Instruktionen von gar vielen Kongregationen und Kommissionen. Und was
wissen die Moralisten nicht gar an kniffligen Fragen zu stellen, bis all die Erlasse aller Obrigkeit
geordnet und ausgelegt sind. Und welch himm-
lisch schwierige Rechnung ist die Ablaßvergebung
geworden! Vor kurzem noch haben sich gelehrte
Theologen darüber gestritten, ob ein armer Kran-
ker 14- und 6mal oder weniger für einen Ablaß
das Kreuzbild deines Sohnes küssen müsse. Was
haben deine Knechte und Hausverwalter nicht alles mit großem Eifer ausgedacht und erlassen,
während der langen Zeit, wo du, in die schweigenden Fernen der Ewigkeit „verreist", dein Haus
deinen Knechten hast anvertrauen wollen! Wo
aber der Geist des Herrn, da ist die Freiheit, sagt
dein Wort.

Ich will sie nicht anklagen, diese deine klugen
und getreuen Knechte, die du über dein Gesinde
gesetzt hast. Ich will dir zu ihrem Lobe bekennen,

daß sie der Vorwurf gewöhnlich nicht trifft, den dein Sohn einst den Schriftgelehrten und Pharisäern gemacht hat, die auf Moses' Stuhl sitzen (Mt 23, 4): Sie haben die schweren Lasten, die sie gebunden, nicht nur anderen aufgelegt, sondern auch sich selbst. Dein Gesinde, Herr, die Laien, hat doch eigentlich, aufs Ganze gesehen, nur dein süßes Joch und deine leichte Bürde zu tragen, den Glauben an dein Wort, dein eigenes Gebot, das frei macht zur Liebe, und deiner Gnade Last aus deinen Sakramenten. Und wenn dieses Joch uns drückt, dann doch nur, weil wir schwach sind und unser Herz böse, so daß wir nicht dein Joch, sondern uns selbst anklagen sollten. Die Last, über die ich hier im stillen Herzen klagte, ist zuerst und zumeist unsere Last, die deiner Priester, die wir uns doch schließlich selbst gebündelt und geschultert haben.

Aber ist es nicht doch eine Last? Ist es nur deine Freiheit, die unseren engen, nach kleinmenschlicher Bequemlichkeit gierigen Herzen als Zwang und Last erscheint, ist es nur deiner Gnaden Überlast? Gibt es für diese Frage noch mehr an erleuchtender und erleuchteter Antwort als die deines Sohnes (Mt 23, 3), daß deine kleinen Knechte alles tun und beobachten sollen, was deine großen Knechte ihnen aufgetragen haben; und daß sie, denen du zu binden und zu lösen gegeben hast, dir einst werden Rechenschaft geben müssen, ob ihr Binden im Tiefsten immer war ein Erlösen ihrer Brüder in deine Freiheit hinein?

Ich weiß und will mein Herz immer wieder in dem lebendigen Wissen stärken, daß deine Freiheit nie zu gewinnen ist im Protest gegen die Gewalten, die von dir ihre Macht haben. Ihre schwere Macht kann man nur in deine leichte Freiheit hinein überwinden, wenn man recht tut, wenn man sie zu deiner „Gehilfin zum Guten" macht (Röm 13,3 f.). Wenn ich mich nicht selbst betrüge, dann muß ich fast immer wieder erkennen, daß, wenn ihre Last mir lästig wird, nicht dein Heiliger Geist der Freiheit, sondern der Ungeist meiner Bequemlichkeit, meines Eigensinns, meiner Selbstsucht aufbegehrt, weil ich in meinem Handeln nicht Rücksicht nehmen und das Ärgernis meiden will für den Bruder, für den doch das Blut deines Sohnes geflossen ist, weil ich für mich alles, was rein ist, schon für erlaubt halte, die aufgeblasene Erkenntnis, nicht aber die erbauende Liebe habe (Röm 14,13 ff.; 1 Kor 8,1 ff.). Und habe ich nicht schon manchmal Zäune und Schranken für Hindernisse deiner Freiheit erklärt, die nichts sind als eine Schutzwehr für die Bewahrung der Freiheit der Liebe zu dir, Schutz auch gegen das Gesetz in meinen eigenen Gliedern? Siehe, ich habe auch immer wieder erfahren, daß die menschlichen Gesetze deiner Kirche für mich zur Schule der Willenszucht und der Geduld, der Selbstbeherrschung und Gelassenheit, der Rücksicht und der Nächstenliebe geworden sind, daß man nicht im Mögen, sondern im Sollen reif wird. Ja wirklich, nicht jedes Sollen ist ein Zwang, und nicht jedes Gernetun ist schon hohe Sittlichkeit und wahre Freiheit. Bewußtes Wollen findet sich auch schon in unmündigen Kindern, bewußt übernommenes Sollen ist ein Zeichen des mündig gewordenen reifen Menschen. Gib mir, daß ich nicht immer zu den unmündigen Kindern gehöre, die, immer im Spiel, es jeweils anders haben wollen, als es gewünscht und gefordert wird.

Ich weiß auch, daß all die kleinen Vorschriften und Befehle, Zeremonien und Gebräuche, Methoden und Kunstgriffe, die mir befohlen oder wenigstens anempfohlen werden, die Leiblichkeit meiner Liebe sein können, wenn ich die Liebe habe, daß sie meistens mir nur zur toten Last werden, wenn ich selbst zu schwach und unlebendig bin, um ihnen die Seele zu geben. Deine Kirche, mein Gott, muß sichtbar sein. Nur so ist sie das „Gefäß des Heiligen Geistes", wie sie schon Irenäus genannt hat. Soll sie aber sichtbar sein, soll in ihr dein Geist immer sichtbarer und greifbarer werden, dann muß sie sich zeigen in Geboten und Weisen, im Ja und Nein, im Hier und Jetzt, im So und Nichtanders. Wer das alles in gläubigem Herzen und starker Liebe erfaßt, geht durch das enge Tor der Gebote ein in die Weite deines Geistes.

Vieles habe ich dir nun gesagt, mein Gott, um dir meinen guten bereiten Willen zu beweisen, den ich den vielen Geboten und noch mehr Verboten der geistlichen Obrigkeit gegenüber trage, die du mir gesetzt hast. Ich will alles halten, was sie geboten hat. Es ist mir gewiß zum Segen. Aber du selbst – bist du der Gott der Gesetze? Gewiß, du willst, daß ich sie halte. Das ist klar. – Freilich gehört zum Verständnis deines Willens auch manches, was die Moralisten am Anfang ihrer Bücher über die Auslegung, über Entschuldigung und kanonische Billigkeit schreiben, um es manchmal weiter hinten im Buch wieder zu vergessen.

Aber bist du der Gott der Gesetze? Es wird mir

schwer, mir selber klarzumachen, was ich eigentlich mit dieser Frage meine. Siehe, in den Geboten, die du *selbst* gegeben hast, bist du eigentlich
fast selbst zugegen: Du hast ihren Inhalt zu deinem Gebot gemacht, weil schon vorher ihr Inhalt
Ausdruck deiner heiligen Güte war, weil man dir
unähnlich wird, wenn man nicht selbst das liebt,
was du gebietest. So ist es aber nicht in den Gesetzen, die von menschlicher Obrigkeit stammen.
Der Schnitt des klerikalen Kleides hat an sich mit
deinem heiligen Wesen nichts zu tun: man kann
dir als Priester dienen, ob nun der Talar lang ist
oder kurz. Darinnen bist du nicht, oder in diesem
und seinem Gegenteil in gleicher Weise. Warum
also muß ich dich gerade in der einen Weise suchen, wo du auch in der anderen zu finden wärest? Weil es die von dir gesetzten Gewalten also
befohlen haben? Ja gewiß. Aber warum müssen
diese denn so befehlen? Weil das weitere Reich
des Möglichen nur in willkürlich beschränkender
Wahl in die Wirklichkeit hinein lebendig gemacht
werden kann und weil sonst Unordnung und ein
Durcheinander entstünde, wenn jeder nach seiner
eigenen Willkür die Wahl träfe? Ja, das mag oft
der Grund sein. Aber immer und in jedem Fall? Es
können doch nicht alle Gesetze und Vorschriften
in deinem Reich gleichsam nur, so wie in einem
Staat, als Verkehrsregeln für Ordnung und Ein-
heitlichkeit oder als Konkretisierung deines eigenen Gesetzes aufgefaßt werden? Wären alle Gesetze nur solcher Art, dann wären sie ja keine Last
für die innere persönliche Freiheit, so wenig wie
jemand durch ein Gesetz oder durch die Regeln
des Straßenverkehrs im Ernst sich eingeengt füh-

len kann. Wie ist es aber mit den anderen, die
nicht nur konkreter Ausdruck deines eigenen Gesetzes sind und doch auch nicht bloß den äußeren
zwischenmenschlichen Bezirk regeln, sondern
mich, in meinem Innern, in meinem persönlichen
Wesen und seiner Freiheit treffen? Ich frage dich
nicht, ob ich sie beobachten muß, denn das ist
klar, sondern wie ich so sie halten kann, daß ich
dir begegne, dich in Freiheit finde. Sie verlangen
mein Inneres, weil sie darüber bestimmen, und sie
sind doch nicht so wie deine eigenen Gebote von
dir erfüllt, daß meine Unterwerfung unter sie
ohne weiteres die Hingabe an dich ist. Ich spüre
immer: wer darauf nicht achtet, wird ein äußerli-
cher, gleichgültiger Erfüller der Satzung, ein „Legalist" oder ein ängstlicher, unfreier Anbeter eines
heiligen Buchstabens, ein Mensch, der in der Erfüllung der menschlichen Satzung vor dir schon
alle Gerechtigkeit erfüllt zu haben glaubt, der den
Buchstaben mit dir selbst verwechselt. Ich will
kein Legalist und kein Knecht der Menschen sein,
kein Knecht des Buchstabens. Und doch muß ich
das Gebot menschlicher Obrigkeit erfüllen. Ich
will von Herzen ihre Satzung halten und kann
doch mein Herz nicht an solche Satzung hinge-
ben, mein innerer Mensch soll ihr gehorchen und
soll doch kein Knecht von Menschen sein.

So muß ich wohl gerade Blickes auf dich selber schauen, wenn ich solchem Gesetz Gehorsam
leiste. Dir gilt dabei die Huldigung, dir unmittelbar und allein, nicht der Sache selbst, die von mir
gefordert ist, nicht einmal der Sache als notwendi-
gem Abglanz deines Wesens. Gerade weil in ihr
an sich nichts ist, dem mein Herz hingeschenkt

werden könnte, kann solcher Gehorsam ein Ausdruck dafür sein, daß ich dich selbst und dich allein suche. So finde ich dich in solcher menschlichen Satzung entweder gar nicht oder dich allein,
je nachdem ich sie halte aus reiner Liebe zu dir
oder nicht. In deinen eigenen Geboten bist du
noch zu finden, auch wenn man sie hält, ohne
dich darin lieben zu wollen, weil ihr Inhalt not-
wendiger Ausdruck deines heiligen Wesens ist.
Im Halten der Gebote menschlicher Obrigkeit findet man nichts als Menschenwille, der unfrei
macht, wenn man darin nicht dich liebt. Halte ich
sie als Erweis der Huldigung für deinen geliebten
freien Willen, der über mich nach seinem Wohlgefallen verfügt, dann finde ich dich selbst, und
mein ganzes Wesen fließt dir zu, in dich hinein, in
deine freien Weiten und nicht mehr in die Enge
menschlicher Befehle. *Mein* Gott bist du als Gott
menschlicher Gesetze nur, wenn du der Gott meiner Liebe bist.

Gib mir ein bereites Herz, die Last der Gebote
deiner Obrigkeit so zu tragen, daß dieses Tragen
eine Übung der Selbstlosigkeit, der Geduld und
der Treue wird. Gib mir deine Liebe, die allein die
wahre Freiheit ist, die Liebe, ohne die aller Gehorsam vor den Menschen Äußerlichkeit oder
Knechtschaft wird. Gib mir ein Herz voll Ehrfurcht vor allem rechtmäßigen Befehl *und* vor der
Freiheit deiner Kinder, in die du mich hineinerlöst
hast. Das Reich deiner Freiheit komme immer
mehr! Es ist das Reich deiner Liebe. In ihr allein
bin ich frei von mir und frei von allem Willen anderer Menschen, weil ich nicht ihnen und nicht
ihretwegen diene, sondern dir um deinetwillen. In

keinem Befehl gehöre ich den Menschen, sondern dir. Wer dir gehört, ist frei. Denn du bist eigentlich nicht ein Gott der Gesetze, daß wir *ihnen* dienen, sondern der Gott des einen Gesetzes: dir allein zu dienen und dich allein zu lieben. Und ich bitte auch, wie du willst, daß ich bitten soll, für alle Obrigkeit, die du über mich gesetzt hast, damit ihr Gebot nie etwas anderes sei als die irdische Erscheinung und Übung des Gesetzes der Liebe zu dir.

Gott meines Herrn Jesus Christus

Du bist der Unendliche, mein Gott, der Grenzenlose. In dir ist alles, was ist und sein kann, ewig gegenwärtige Wirklichkeit. Was immer ich erkenne, hat in deinem Geiste schon immer seine urewige Heimat gehabt; was ich begehre, hast du schon immer in Besitz; was ich liebe, ist im Grunde immer, was deine Liebe schon immer umfangen hat, bist du selbst. Du bist die Weisheit, die Macht, die Güte, das Leben und die Kraft, du, was immer ich ersehnen und ersinnen kann. Aber wie bist du nur das alles zumal?

Was ich weiß und ersehne und liebe – da, wo ich wohne und lebe, ist alles immer entzweit und zerstückelt. Alles fällt auseinander: die Gedanken sind blaß und leblos, die Güte ist so machtlos. Macht ist liebeleer, unbekümmerte Lebenskraft wird geistlos und brutal. Wir zwingen in die Enge unserer Endlichkeit nie alles zusammen, was uns gut scheint, gut, weil es ist: Leben und Weisheit,

Güte und Macht, Stärke und Zartheit und all die anderen Mächte unseres Lebens, von denen wir keine ganz missen wollen und dürfen. Wir können nur eines und müssen dies eine: all das ordnen, jeder von all diesen Mächten unseres Lebens ihren Platz und ihr erlaubtes Maß zumessen, damit keine unser ganzes Leben in sich hineinzerre und die anderen vertilge. Wir müssen immer „Ordnung" halten und Maß. Wir müssen achten, daß der Geist nicht zum Widersacher der Seele werde, die Güte nicht Schwäche, die Stärke nicht tierische Gewalt. Alle diese Mächte umstehen heischend unser endliches Leben und wollen ihr Teil erhalten, um in uns und durch uns selbst zu sein und zu leben. Und unsere endliche Kraft muß wie mit kleinen kümmerlichen Maßgefäßen unter sie sparsam aufgeteilt werden. In nichts dürfen wir unser Leben ganz hineintragen, an nichts uns ganz verschwenden, weil sonst jenes und wir selbst an solcher Ausschließlichkeit und ausschweifenden Maßlosigkeit zugrunde gingen: die alles wissen, sind selten liebende Menschen; die „Allmächtigen" sind meistens hart; von den Schönsten sagt man, sie seien gewöhnlich dumm. Und es muß ja so sein: wie könnten wir Endliche auch alles zumal sein?

Und doch: wo ist die Allwissenheit, die ewige Liebe ist? Die Allmacht, die Allgüte bleibt, das blutvolle Leben, das gerade so lebendiger Geist, die Schönheit, die beseelt und weise ist? Wo kann jedes von dem, was groß ist, ins Grenzenlose wachsen, in unerbittlicher Schrankenlosigkeit sich ausdehnen, sich rücksichtslos durchsetzen und

48

doch gerade so immer auch alles andere sein, statt alles andere zu vernichten?

Das bist du, mein Gott. Du bist alles in allem, und in jedem, das du bist, bist du alles. Jedes einzelne, das wir in dir in unendlicher Schrankenlosigkeit denken, drängt nicht ein anderes aus dem Reich der Wirklichkeit hinaus, sondern gibt ihm Raum in seiner eigenen Weite ohne Grenzen. In dir reckt sich das Wissen so zur Allwissenheit auf, daß diese Allwissenheit Allmacht wird, die furchtbare Unerbittlichkeit deiner Allmacht wird aus sich selbst zur unwiderstehlichen Kraft deiner Güte. Und so wird alles, was in der Enge meiner Endlichkeit sich beengt, bedrängt und bekämpft, in dir zu der einen Unendlichkeit, die Einheit und Unendlichkeit zumal ist. Jede deiner Eigenschaften ist immer schon aus sich selbst dein ganzes unermeßliches Sein, trägt schon in ihrem eigenen Schoß alle Wirklichkeit.

So gibt es wenigstens einen, in dem man grenzenlos und unbedingt ohne Ordnung und Maß halten zu müssen, lieben kann, was immer man lieben will. Und das bist du. In der Liebe zu deiner heiligen Maßlosigkeit wird unser Leben des Zwanges zu Maß und Ordnung erträglich. In dir kann unser Herz in seiner Sehnsucht ins Grenzenlose schweifen, ohne sich zu verirren, in dir kann man sein Herz an jedes einzelne verschwenden und findet so alles, weil jedes in dir alles ist. Wenn wir uns in der Liebe in dich hineinfinden, dann wird die Enge unserer Endlichkeit wenigstens für die Stunde solcher Liebe gleichsam von uns genommen. Und dann werden wir auch im

Alltag der Maße unserer Endlichkeit wieder zufrieden sein.

So ist deine Unendlichkeit die Erlösung unserer
Endlichkeit. Und doch, mein Gott, ich muß dir gestehen: je länger ich an sie denke, um so mehr
ängstigt mich gerade dieses dein Wesen. Es be-
droht mich in meiner Sicherheit, in ihm verliere
ich alle Orientierung. Es will mir in Furcht und
Zittern wieder scheinen, als ob deine Unendlichkeit, in der Alles dasselbe wird, doch nur für dich
allein wäre. Freilich bist du immer Alles in jeder
deiner Eigenschaften und in jeder deiner Taten.
Du bist in jedem Alles, auch dann, wenn du über
mich kommst, wenn du in mein Leben einbrichst.
Du brauchst nicht noch eigens zu sorgen, daß der
Blitz deiner Allmacht, der in mein Leben hinein-
fährt, auch das milde Licht deiner Weisheit sei.
Du kannst dein ganzes Sein in deine Macht hin-
einrauschen lassen, und deine Wasser sind doch
von nirgends fortgeflossen, haben keine Möglichkeit freigegeben, die du nicht mehr mit deiner
Wirklichkeit erfülltest. Du kannst ein unerbittli-
ches Gericht sein, und für dein Ohr ist das ewige
Verdammungsurteil noch der Jubel, der deine un-
·ermeßliche Güte preist, aber für mich, für meine
Enge ist gerade das furchtbar und erschreckend
und läßt alle Fugen meiner Endlichkeit auseinan-
derweichen. Du bist immer du selber ganz, wie
immer du mit mir handelst, du bist für dich immer
die unendliche Einheit aller Wirklichkeit, ob du
mich liebst oder an mir vorbeigehst, ob deine
Macht oder deine Güte, deine Gerechtigkeit oder
deine Barmherzigkeit an mir offenbar wird. Aber
gerade weil du die eine Unendlichkeit alles Seins

bist und bleibst, wie auch immer du dich erzeigst, gerade darum weiß ich nicht, wenn ich an deine Unendlichkeit denke, wie du zu mir bist. Gerade wenn ich dich einsetzen will in die Rechnung meines Lebens, muß ich die rätselhafte Zahl deiner Unendlichkeit schreiben, in der immer alles und jedes enthalten ist, und die Rechnung meines Lebens wird selbst zu einem unlösbaren Rätsel. Wie kann ich mit deiner Güte rechnen, wenn sie in dir immer auch heilige Strenge ist, wie mit deiner grundlosen Barmherzigkeit, wenn sie stets auch deine unerbittliche Gerechtigkeit ist? Du sagst mir immer alles: deine Unendlichkeit. Aber dieses Wort macht alle Fügung meiner Endlichkeit zunichte. Du bist so die ewige Bedrohung in meinem Leben, du scheuchest mich aus jeder Sicherheit.

Nein, Herr, du mußt mir ein Wort sagen, das nicht alles und jedes bedeuten kann, weil es alles und jedes in unergründlicher Einheit umfaßt. Du mußt mir ein Wort sagen, das nur eines bedeutet, eines, das nicht alles ist. Du mußt, damit das Erschrecken über deine Unendlichkeit von mir weichen kann, dein unendliches Wort endlich werden lassen, es eingehen lassen in meine Enge, daß es darinnen sich einfügt, ohne das enge Haus der Endlichkeit, in dem allein ich wohnen kann, zu zerstören. Dann kann ich es verstehen, ohne daß deine und deines Wortes Unendlichkeit meinen Geist verwirrt und mein Herz ängstigt. In deinem „abgekürzten Wort", das nicht alles sagt, aber etwas, das ich verstehen kann, würde ich wieder aufatmen. Du mußt ein Menschenwort zu deinem Wort machen, dieses zu mir sprechen. Denn ein solches Wort kann ich verstehen. Sag nicht alles, was du in deiner Unendlichkeit bist, sag nur, daß du mich liebst, sag mir nur, daß du mir gut bist. Sag dies aber nicht mit deiner göttlichen Sprache, in der deine Liebe immer auch deine unerbittliche Gerechtigkeit und deine vernichtende Macht bedeutet, sondern sag es in meiner Sprache, wo ich nicht fürchten muß, daß das Wort der Liebe etwas anderes in sich berge als nur deine Güte und dein mildes Erbarmen.

O unendlicher Gott, du hast ein solches Wort zu mir sprechen wollen! Du hast dem Meer deiner Unendlichkeit geboten, nicht über das ärmliche kleine Gemäuer zu fluten, in dem der kleine Acker meines Lebens eingeschlossen, aber auch behütet neben deiner Unendlichkeit gebreitet liegt. Von deinem Meer sollte nur der Tau deiner Milde über mein armes kleines Land kommen. Du bist im Menschenwort zu mir gekommen. Denn du Unendlicher bist der Gott unseres Herrn Jesus Christus. Er hat in Menschenworten zu uns gesprochen. Und nicht mehr kann das Wort der Liebe etwas bedeuten, was ich fürchten müßte. Denn wenn er sagt, daß er und du in ihm uns liebst, dann kommt dieses Wort aus einem Menschenherzen. Und in einem Menschenherzen hat dieses Wort nur einen Sinn, einen beglückenden Sinn. Wenn dieses Menschenherz uns liebt, das Herz deines Sohnes, das Herz, das – sei dafür gepriesen – auch endlich ist wie mein armes Herz, dann wird mein Herz ruhig. Wenn es mich liebt, dann weiß ich, daß die Liebe eines solchen Menschenherzens nichts sein kann als wirklich nur Liebe und sonst nichts. Und Jesus hat mir wirklich gesagt, daß er mich liebt, und sein Wort ist aus seinem menschlichen Herzen emporgestiegen. Und dieses Herz ist dein Herz, du Gott unseres Herrn Jesus Christus. Und wenn dieses menschliche Herz deines Sohnes unsagbar reicher und weiter ist als mein Herz, dann ist es nur unsagbar reicher an der Liebe und unsagbar weiter für *die* Güte, die nur Güte und Liebe sein kann und darum nicht die Furchtbarkeit deiner eigenen Unendlichkeit in sich birgt, die immer alles zumal ist.

Gib mir, unendlicher Gott, daß ich mich immer an Jesus Christus, meinen Herrn, halte. Sein Herz offenbare mir, wie du zu mir bist. Auf sein Herz will ich blicken, wenn ich zu wissen begehre, wer du bist. Wenn das Auge meines Geistes nur auf deine Unendlichkeit blickt, in der du alles in jedem bist, erblindet es, und es umfängt mich die Finsternis deiner Grenzenlosigkeit, die härter ist als alle meine irdischen Nächte. So will ich, Gott unseres Herrn Jesus Christus, auf sein Menschenherz hinschauen, dann erst weiß ich, daß du mich liebst.

Und dann habe ich noch eine Bitte: mach mein Herz gleich dem Herzen deines Sohnes, so weit und so reich an Liebe, damit meine Brüder – damit wenigstens einmal in meinem Leben einer durch dieses Tor eintreten kann, um zu begreifen, daß du ihn liebst. Gott unseres Herrn Jesus Christus, laß mich dich in seinem Herzen finden.

Lob der Schöpfung

O Gott, ich muß mir und dir etwas gestehen, was mir wieder einmal aufgefallen ist. Es fällt mir schwer, deine Schöpfung als so herrlich zu sehen, wie sie doch wohl ist. Die Heilige Schrift findet deine Schöpfung wunderbar; alle Dichter besingen sie, auch der heilige Franziskus in seinem Sonnengesang, von dem mir die letzte Strophe über den Tod noch am meisten zu Herzen geht.

Ich weiß es wohl: Es ist meine eigene Schuld, meine Verdrossenheit, die Abgenutztheit meiner seelischen Kräfte, die mich hindern, über das Meer, die schneeigen Berge, die heimlich-dunklen Wälder, den Kosmos von Milliarden von Lichtjahren und den rasenden Gang seiner Entwicklung nicht in Entzücken zu geraten. Wenn mich auch das Entsetzen eines Reinhold Schneider über das gegenseitige Gefressenwerden in der Natur nicht ganz so erschüttert (selbst wenn mir Paulus vielleicht verbietet, all dieses Seufzen der Kreatur für zu selbstverständlich zu halten), so gestehe ich auf jeden Fall, daß ich die Herrlichkeit deiner Schöpfung, der Natur, bedauerlicherweise zu wenig unmittelbar und spontan empfinde. Es ist genug in deiner Schöpfung zu sehen, zu hören, zu riechen usw., worüber das Herz dankbar jubeln dürfte und müßte. Ich sehe es, aber wahrer Jubel bricht nicht aus in meinem Herzen. Schreibst du das mild dem Alter zu, das schrumpfen und vertrocknen läßt? Soll ich geduldig mit mir sein oder mir mit moralischen Imperativen kommandieren, begeistert mitzusingen in dem Chor der Dichter, die

die Macht, die Erhabenheit, die Milde und die
Schrecklichkeit deiner Schöpfung preisen und daraus ahnen, wer du selber bist?

Sei gelobt, mein Herr,
mit all deinen Kreaturen.
Sonderlich mit der hohen Frau,
unserer Schwester Sonne,
die den Tag macht und mit der du uns leuchtest.
Schön und strahlend im mächtigen Glanz,
ist sie dein Sinnbild, du Höchster!

Sei gelobt, mein Herr,
durch Bruder Mond und die Sterne.
Du hast sie am Himmel geformt
klar, kostbar und schön.

Sei gelobt, mein Herr,
durch Bruder Wind, durch Luft und Gewölk,
durch heitres und jegliches Wetter.
Alle Kreatur belebst du durch sie!

Sei gelobt, mein Herr,
durch Schwester Wasser.
Sie ist so nützlich, gering, köstlich und keusch.

Sei gelobt, mein Herr,
durch Bruder Feuer.
Durch ihn erhellst du die Nacht,
schön ist er, heiter und kraftvoll und stark.

Sei gelobt mein Herr,
durch unsere Schwester Mutter Erde.
Sie ernährt und versorgt uns
und zeitigt allerlei Früchte,
farbige Blumen und Gras.

Sei gelobt, mein Herr,
durch unseren Bruder, den Leibestod.
Kein Lebender kann ihm entrinnen.
Weh denen, die sterben in Todessünden!
Selig, die sterben,
geborgen in deinem heiligsten Willen!
Der zweite Tod vermag nichts wider sie.

Lobet und preist meinen Herrn,
danket und dient ihm in großer Demut!

Man kann auch beten in einer Sprache, die einen
überfordert. Und darum kann auch dieses mein
Gebet mit den Worten des heiligen Franziskus gehört werden von dir, dem Schöpfer aller Dinge,
dieser schönen Welt. Amen.

MIT CHRISTUS

Christus alles in allem

Herr Jesus Christus, ewiges Wort des Vaters und wahrer Mensch, wir beten dich an. Sei du uns immerdar das lebendige Geheimnis unseres Glaubens und unseres Lebens, das in diesem Glauben gründet: Ewiger Hoherpriester und immerwährendes Opfer, sei du selbst unsere Anbetung deines Vaters im Geist und in der Wahrheit. In dir und mit dir sei unser Leben der Dienst des unendlichen Gottes, du Sakrament des Dienstes der göttlichen Majestät.

Leben der Menschen, Quelle der Gnade, sei du selbst das Leben unserer Seele, das Leben, das uns teilnehmen läßt am Leben des dreifaltigen Gottes. In dir nehmen wir an deinem Leben teil, Sakrament des übernatürlichen Lebens unserer Seelen.

Heiland der Sünden, barmherziger Sieger über unsere Sünden und unsere Schwäche. In dir mögen wir leben, damit deine starke Liebe in uns machtvoll wirke, die Liebe, die allein mächtig ist gegen alle Sünde jetzt und immerdar. Durch dich und in dir bewahre uns vor aller Sünde, Sakrament der Überwindung aller Sünde.

Band der Liebe, Sinnbild der Eintracht. In dir laß mich vereint sein mit allen, die du mir zu lieben geboten hast. Gib, daß wir alle immer mehr dir angehören. So werden wir auch immer mehr in Liebe vereint sein untereinander durch dich, Sakrament wahrer Liebe und Gemeinschaft.

Sieger im Leid, gekreuzigter Erlöser. In dir wollen wir alle dunklen Stunden bestehen. Was uns widerfährt, laß es uns tragen als Teilnahme an deinem Geschick, damit es uns ein Weg sei in das ewige Osterlicht, durch dich, Sakrament der Leidensgemeinschaft zwischen dir und uns.

Herr der ewigen Herrlichkeit. Laß uns immer gläubig und tapfer Ausschau halten nach deinem ewigen Leben. Wenn wir dich empfangen, sei uns dein Leib das Unterpfand der ewigen Herrlichkeit. Sakrament des ewigen Lebens, gib, daß uns zuteil werde, was das letzte Verlangen unseres Herzens ist: einmal unverhüllten Angesichts dich schauend anzubeten, dich mit dem Vater und dem Heiligen Geist in Ewigkeit. Amen.

Gebet an Weihnachten

Gott, ewiges Geheimnis unseres Lebens, du hast durch die Geburt deines eigenen Wortes der Liebe in unserem Fleisch die ewig junge Herrlichkeit deines Lebens als unserem eigenen Dasein eingestiftet und siegreich erscheinen lassen. Gib uns in der Erfahrung der Enttäuschung unseres Lebens den Glauben, daß deine Liebe, die du selbst bist und die du uns geschenkt hast, die ewige Jugend unseres wahren Lebens ist.

Bedenken der Passion

Herr Jesus Christus, Heiland und Erlöser, ich knie vor deinem gebenedeiten Kreuz. Ich will meinen Geist und mein Herz öffnen für die Betrachtung deines heiligen Leidens. Ich will dein Kreuz vor meine arme Seele stellen, damit ich wieder ein wenig besser begreife und mir zu Herzen nehme, was du getan und gelitten hast und für wen du gelitten hast. Deine Gnade stehe mir bei, daß ich die Stumpfheit und Gleichgültigkeit meines Herzens abschüttle, daß ich wenigstens für eine halbe Stunde meinen Alltag vergesse, damit meine Liebe, meine Reue und Dankbarkeit bei dir verweilen. König der Herzen, deine gekreuzigte Liebe umfange mein schwaches, armes, müdes und verdrossenes Herz. Gib ihm ein innerliches Empfinden für dich. Weck auf in mir, was ich in mir vermisse: Anteilnahme an dir, Liebe zu dir, Ernst und Treue, die aushalten in der Betrachtung deines heiligen Leidens und Sterbens.

Ich will deine sieben letzten Worte am Kreuz betrachten, deine letzten Worte, bevor du, Wort Gottes von Ewigkeit zu Ewigkeit, auf dieser Erde im Tode verstummtest. Du hast sie mit deinen verdursteten Lippen aus qualerfülltem Herzen gesprochen, diese Herzensworte am Ende von allem. Du hast sie allen gesagt. Du hast sie auch mir gesagt. Laß sie eindringen in mein Herz. Ganz tief. Ganz innerlich. Damit ich sie begreife. Damit sie nicht mehr vergessen werden, sondern leben und Kraft in meinem toten Herzen werden. Sprich sie darum selber zu mir. So, daß ich den Klang deiner Stimme vernehme.

Einmal wirst du in meinem Tod und nach meinem Tod zu mir sprechen. Und diese Worte werden ein ewiger Anfang oder ein endloses Ende sein. O Herr, laß mich dann in meinem Tod Worte deines Erbarmens und der Liebe hören, die ich nicht überhören werde. Laß mich darum jetzt deine letzten Worte am Kreuz in ein williges Herz aufnehmen. Amen.

Die sieben letzten Worte Jesu

Erstes Wort

Vater, vergib ihnen,
denn sie wissen nicht, was sie tun

Lk 23, 34

Du hängst am Kreuz. Sie haben dich angenagelt. Von diesem Pfahl zwischen Himmel und Erde kommst du nicht mehr weg. Die Wunden brennen in deinem Leib. Die Dornenkrone martert dein Haupt. In deinen Augen schwimmt das Blut. Die Wunden deiner Hände und Füße sind, als seien deine Glieder durchbohrt von einem glühenden Eisen. Und deine Seele ist ein Meer von Trauer, Schmerz und Hoffnungslosigkeit.

Die das alles angerichtet haben, stehen unter deinem Kreuz. Sie gehen nicht weg, um dich wenigstens allein sterben zu lassen. Sie bleiben. Sie lachen. Sie finden, daß sie recht haben und daß eben dein Zustand der augenscheinlichste Beweis

dafür ist: ein Beweis, daß, was sie dir antaten, Erfüllung heiligster Gerechtigkeit, ein Gottesdienst
ist, auf den sie stolz sein dürfen. Und darum lachen sie. Sie spotten, sie lästern. Und über dir
schlägt, entsetzlicher als aller Schmerz des Leibes,
die Verzweiflung über solche Bosheit zusammen.
Gibt es Menschen, die solcher Gemeinheit fähig
sind? Wo ist noch zwischen dir und ihnen irgendein Gemeinsames? Darf ein Mensch einen andern
so zu Tode quälen? Mit Lüge, Gemeinheit, Verrat,
Heuchelei und Tücke so zu Tod quälen und dabei
noch den Schein des Rechtes für sich haben und
die Miene des Unschuldigen und die Pose des
sachlichen Richters? Und Gott läßt das in seiner
Welt geschehen? Und der Feinde Lachen und
Hohn darf frisch und siegesbewußt in Gottes
Welt hineindringen? Ach Herr, *unser* Herz wäre
zerbrochen in rasender Verzweiflung. Wir hätten
den Feinden geflucht und Gott dazu. Wir hätten
aufgeheult und mit der Hand wie wahnsinnig am
Nagel gezerrt, um noch einmal die Faust ballen zu
können.

Du aber sagst: Vater, vergib, denn sie wissen
nicht, was sie tun. Du bist unbegreiflich, Jesus.
Wo ist in deiner zermarterten, vom Schmerz zer-
wühlten Seele noch ein Platz, auf dem dieses
Wort erblühen kann? Du bist unbegreiflich. Du
liebst deine Feinde. Du empfiehlst sie deinem Vater. Du betest für sie. Ach Herr, wenn es nicht lä-
sterlich ist zu sagen: Du entschuldigst sie mit der
unwahrscheinlichsten Entschuldigung, die es gibt
– sie hätten es nicht gewußt. Sie haben doch alles
gewußt. Sie haben doch alles nicht wissen *wollen!*
Und was man nicht wissen will, das weiß man im

tiefsten, verhohlenen Verlies des Herzens ja doch. Aber man haßt es und darum will man es nicht hervorkommen lassen ins klare Bewußtsein. Und du sagst, sie wissen nicht, was sie tun. Eins aber haben sie wirklich nicht gewußt: deine Liebe zu ihnen, denn *sie* kann nur der kennen, der selbst dich liebt. Denn nur der Liebe geht das Verständnis für geschenkte Liebe auf.

Sprich auch über meine Sünde das Vergebungswort deiner unbegreiflichen Liebe. Sag auch für mich dem Vater: Verzeih ihm, denn er weiß nicht, was er tat. Zwar hab' ich es gewußt. Alles. Aber deine Liebe doch nicht.

Laß mich auch an dein erstes Wort am Kreuze denken, wenn ich gedankenlos im Vaterunser behaupte, ich vergebe meinen Schuldigern. O mein Gott am Kreuz der Liebe: Ich weiß nicht, ob mir wirklich jemand etwas schuldig ist, das ich ihm vergeben könnte. Aber auch so braucht es *deine* Kraft, um denen zu verzeihen, von Herzen zu vergeben, die mein Stolz und meine Ichsucht als Feinde empfinden.

Zweites Wort

Wahrlich, ich sage dir,
heute wirst du mit mir im Paradiese sein

Lk 23, 43

Du bist in der Todesnot – und hast immer noch Platz in deinem von Qual bis zum Rand erfüllten Herzen, Platz für fremdes Leid. Du bist am Sterben – und sorgst dich für einen Verbrecher, der selbst noch in seiner Qual zugeben muß, daß seine höllische Todesmarter für das Böse seines Lebens nicht zuviel der gerechten Strafe ist. Du siehst deine Mutter – und sprichst zuerst einmal mit dem verlorenen Sohn. Dich würgt die Gottverlassenheit – und du sprichst vom Paradies. Deine Augen werden dunkel in der Nacht deines Sterbens, aber sie sehen dennoch das ewige Licht. Im Sterben ist man allein mit sich beschäftigt, weil man ja allein gelassen und verlassen ist. Du aber sorgst dich um die Seelen, die mit dir einziehen sollen in dein Reich. O allbarmherziges Herz! O starkes und tapferes Herz!

Ein erbärmlicher Verbrecher bittet dich um ein Gedenken. Und du versprichst ihm das Paradies. Wird alles neu, wenn du stirbst? Wird ein Leben von Sünde und Laster so rasch verwandelt, wenn du ihm nahst? Wenn du die Wandlungsworte über ein Leben sprichst, werden selbst die Sünden und die abscheulichen Gemeinheiten eines Verbrecherlebens noch begnadigt und verwandelt, daß nichts mehr hindert am Eingang in den heiligen Gott. Siehe, ein bißchen guten Willen hätten wir ja auch solch einem Rohling und Verbrecher zugestanden, so viel, daß er am Äußersten vorbeikommt. Aber die bösen Gewohnheiten, die lasterhaften Triebe, die Roheit und der Schmutz, die Gewöhnlichkeit: das alles geht doch nicht schon weg durch ein bißchen guten Willen und eine kurze Galgenreue! Ein solcher kommt doch nicht so schnell in den Himmel wie die Büßer und die lange Geläuterten, wie die Heiligen, die nichts taten als Leib und Seele zu heiligen und würdig zu machen für den dreimal heiligen Gott! Du aber sprichst das Allmachtwort deiner Gnade. Und es dringt in das Herz des Schächers, und es verwandelt das Höllenfeuer seiner Todesnot in die läuternde Flamme göttlicher Liebe, die in einem Augenblick alles verklärt, was als Werk deines Vaters noch in ihm war, und alles verzehrt, was in diesem Leben als böse Schuld der Kreatur sich gegen Gott versperrte. Und der Schächer geht mit dir ein ins Paradies deines Vaters.

Wirst du auch mir die Gnade geben, daß ich nie den Mut verliere, kühn von deiner Güte alles zu verlangen, alles zu erwarten? Den Mut zu sagen, und wäre ich auch der verworfenste Verbrecher: Herr, gedenke meiner, wenn du in dein Reich kommst! O Herr, laß dein Kreuz aufgerichtet sein an meinem Sterbebett. Und dein Mund soll auch zu mir sprechen: Wahrlich, ich sage dir, heute noch wirst du mit mir im Paradiese sein. Dieses Wort selbst mache mich würdig, daß ich, ganz geheiligt und entsündigt durch die läuternde Kraft des Todes mit dir und in dir, eingehe in das Reich deines Vaters.

Drittes Wort

Weib, siehe da deinen Sohn;
Sohn, siehe da deine Mutter

Joh 19,26 f.

Jetzt im Tod war die Stunde gekommen, da deine Mutter wieder bei dir sein durfte. Jetzt, wo keine Wunder erbeten wurden, sondern gestorben werden mußte, da durfte die dabei sein, zu der du gesagt hattest: Weib, was ist dir und mir? Meine

Stunde ist noch nicht gekommen (Joh 2, 4). Jetzt ist die Stunde da, wo der Sohn und die Mutter verbunden sind. Und diese Stunde ist die Stunde des Abschieds, die Stunde des Sterbens. Die Stunde, da der Mutter, die Witwe war, der einzige Sohn genommen wird.

Und so sieht dein Auge noch einmal die Mutter. Du hast dieser Mutter nichts erspart. Du warst nicht bloß die Freude ihres Lebens. Du warst auch die Bitterkeit und das Leid ihres Lebens. Aber beides war deine Gnade, denn beides war deine Liebe. Und weil sie in beidem zu dir hielt und dir diente, darum liebst du sie. Denn darin ist sie eigentlich erst ganz deine Mutter geworden. Denn Bruder, Schwester, Mutter sind dir die, die den Willen deines Vaters tun, der im Himmel ist. In deiner Qual ist deine Liebe auch noch wach für die Zärtlichkeit, die auf dieser Erde schwingt zwischen einem Sohn und seiner Mutter. Denn durch deinen Tod sind auch diese zarten, köstlichen Dinge dieser Erde geweiht und geheiligt, die die Herzen weich machen und die Erde schön. Diese Dinge sterben in deinem Herzen, selbst in deinem im Tod zermalmten Herzen, nicht. Und darum sind sie gerettet für den Himmel. Darum wird auch eine neue Erde sein, weil du im Tod auch die Erde geliebt hast, weil du noch im Sterben für unser ewiges Heil gerührt warst über die Tränen, die eine Mutter weint, weil du noch im Untergang für das irdische Wohl einer Witwe sorgtest und einem Sohn eine Mutter und einer Mutter einen Sohn schenktest.

Aber sie stand ja unter deinem Kreuz nicht bloß mit dem einsamen Schmerz einer Mutter, der man den Sohn tötet. Sie stand da in *unserem* Namen. Sie stand da als die Mutter aller Lebendigen. Sie opferte den Sohn für uns. Sie sprach in unserm Namen ihr „Mir geschehe" zum Tod des Herrn. Sie war die Kirche unter dem Kreuz, sie war das Geschlecht der Kinder Evas, sie kämpfte mit im Weltenkampfe zwischen der Schlange und dem Sohn des Weibes. Und wenn darum diese Mutter dem Jünger der Liebe gegeben ist, dann hast du uns allen deine Mutter gegeben.

Sohn, Tochter, siehe da deine Mutter, sagst du auch mir. O Wort ewigen Vermächtnisses! Unter deinem Kreuz, o Jesus, steht als liebender Jünger nur, wer von jener Stunde an deine Mutter zu sich nimmt. Und alle Gnaden deines Sterbens teilen ihre mütterlichen, reinen Hände aus. Verleihe uns die Gnade, deine Mutter zu lieben und sie zu ehren. Sag auch zu ihr, indem du auf mich Armen schaust: Frau, sieh da deinen Sohn; Mutter, sieh da deine Tochter.

Ein reines, jungfräuliches Herz sollte im Namen der Welt das Jawort geben zur Hochzeit des Lammes mit seiner Braut, der Kirche, der in deinem Blut erkauften und gereinigten Menschheit. Wenn ich mich von dir diesem Herzen deiner Mutter anvertrauen lasse, wird dein Tod an mir nicht verlorengehen, werde ich dabei sein, wenn der Tag deiner ewigen Hochzeit anbricht, da alle Schöpfung als ewig verklärte dir verbunden wird in Ewigkeit.

Viertes Wort

Mein Gott, mein Gott,
warum hast du mich verlassen?

Mt 27, 46

Es naht sich dir der Tod. Nicht das Ende des Leibeslebens, das Erlösung und Friede ist. Sondern der Tod, der die letzte Tiefe, die unvorstellbare Tiefe der Zerstörung und der Not ist. Es naht der Tod, der Entleerung, grauenvolle Ohnmacht, zermalmende Öde ist. Wo alles weicht, wo alles flieht, wo nichts mehr ist als eine Verlassenheit, die brennend und unsagbar tot zumal ist. Und in dieser Nacht des Geistes und der Sinne, in dieser Leere des Herzens, in dem alles verbrannt ist, ist deine Seele immer noch im Gebet, wird diese grauenhafte Öde eines im Schmerz verbrannten Herzens in dir ein einziger Ruf zu Gott. O Gebet des Schmerzes, der Verlassenheit, der abgründigen Ohnmacht, Gebet des verlassenen Gottes, sei selber angebetet. Wenn du, Jesus, so betest, in solcher Not betest, wo ist da noch ein Abgrund, aus dem man nicht zu deinem Vater rufen dürfte? Wo ist eine Verzweiflung, die nicht, in deiner Verlassenheit geborgen, selbst zum Gebet werden könnte? Wo ist ein Verstummen in Qual, das nicht wissen müßte, daß solcher stummer Schrei noch gehört wird mitten im Jubel des Himmels?

Um deine Not zu sagen, um das Gebet deiner grenzenlosen Verlassenheit zu beten, hast du den 22. Psalm zu beten begonnen. Denn deine Worte „Gott, mein Gott, warum hast du mich verlassen?" sind der erste Vers dieses uralten Klageliedes, das

dein heiliger Geist selbst einst als Schrei der Not
dem alttestamentlichen Frommen ins Herz und
auf die Lippen legte. So hast also auch du, wenn
ich wagen darf, so zu sprechen, in der ärgsten
Qual nichts beten wollen, als was schon Abertau-
sende vor dir gebetet haben. Du hast gewissermaßen bei deiner eigenen hohen Messe, da du dich
selbst darbrachtest als ewiges Opfer, selbst in
schon liturgisch geprägten Worten gebetet, und in
solchen Worten hast du alles sagen können. Lehr
mich in den Worten deiner Kirche so zu beten,
daß sie zu Worten meines Herzens werden.

Fünftes Wort

Mich dürstet

Joh 19,28

Der Evangelist Johannes erzählt von diesem seinem Wort: Da du wußtest, daß nun alles vollbracht sei, sprachst du, damit die Schrift erfüllt
werde: Mich dürstet. Auch hier hast du ein
Schriftwort aus den Psalmen bestätigt, das der
Geist Gottes prophetisch schon von deinem Leiden vorausgesagt hatte. Denn im selben 22. Psalm
wird von dir gesagt: Vertrocknet wie eine Scherbe
ist meine Kraft, und die Zunge klebt mir am Gau-
men (V. 16). Und im Psalm 69,22 heißt es von dir:
Sie haben mich Essig trinken lassen in meinem
Durst.

O du Knecht des Vaters, gehorsam bis in den
Tod, den Tod am Kreuz, du schaust über alles,
was dich trifft, hinweg auf das, was dich treffen

soll, über alles, was du tust, auf das, was du tun sollst, über alle Tatsachen auf die Pflicht. Du bist gewissermaßen ängstlich bedacht – auch noch in der Todesangst, die sonst den Geist verdunkelt und die klare Besinnung raubt –, daß alles in deinem Leben übereinstimme mit dem ewigen Bild, das vor dem Geiste deines Vaters stand, da er dich dachte. Und so achtest du eigentlich nicht auf den namenlosen Durst deines ausgebluteten, mit brennenden Wunden bedeckten, nackten und der glühenden orientalischen Mittagssonne ausgesetzten Leibes. Du stellst vielmehr, du bis in den Tod den Willen des Vaters Liebender, mit einer fast unbegreiflichen, anbetungswürdigen Demut fest: Ja, auch das ist erfüllt, was als Wille des Vaters schon der Propheten Mund von mir geweissagt hat; ja wahrhaftig, ich dürste. O königliches Herz, dem auch die Qual, die deinen Leib verbrennt in sinnlosem Wüten, nur ist die Erfüllung eines Auftrags von oben!

Aber so hast du ja dein ganzes Leiden aufgefaßt mit seiner grausamen Härte. Auftrag war es, nicht blindes Schicksal; Wille des Vaters, nicht Bosheit der Menschen; Heilstat deiner Liebe, nicht Meintat der Sünder. Du gingst unter, damit wir gerettet werden; du starbst, damit wir leben; du hast gedürstet, damit wir Erquickung fänden an den Wassern des Lebens. Du branntest im Durst, damit aus deiner durchbohrten Seite vom Herzen her flösse der Born des lebendigen Wassers. Zu ihm hast du eingeladen, da du am Laubhüttenfest mit lauter Stimme schriest: Wer dürstet, der komme zu mir, und es trinke, wer glaubt an mich; denn

Ströme lebendigen Wassers des Geistes werden fließen aus dem Herzen des Messias (Joh 7, 37 f.).

Du hast Durst gelitten um mich, du dürstest nach meiner Liebe und nach meinem Heil: wie der Hirsch nach den Wasserquellen dürstet meine Seele nach dir.

Sechstes Wort

Es ist vollbracht

Joh 19, 30

Du hast eigentlich gesagt: Es ist vollendet. Ja, Herr, dein Ende ist da. Das Ende deines Lebens. Das Ende deiner Ehre, deiner menschlichen Hoffnung, das Ende deines Kampfes und deiner Arbeit. Alles ist vorbei. Alles ist leer geworden. Und dein Leben ist zerronnen. Hoffnungslos und ohnmächtig. Aber dieses Ende ist deine Vollendung. Denn das Ende in Treue und Liebe ist Vollendung. Und dein Untergang ist dein Sieg.

O Herr, wann werde ich das einmal begriffen haben, dieses Gesetz deines und darum auch meines Lebens? Das Gesetz, daß Tod Leben, Selbstverleugnung Selbstgewinn, Armut Reichtum und Schmerz Gnade ist, daß das Ende in Wahrheit die Vollendung ist?

Ja, du hast vollendet. Vollendet ist der Auftrag, den dir der Vater gegeben hat. Getrunken ist der Kelch, der nicht vorübergehen sollte. Erlitten der Tod, der schrecklich war. Vollbracht ist die Erlösung der Welt. Besiegt ist der Tod. Überwunden ist die Sünde. Ohnmächtig ist geworden die

Macht der Geister der Finsternis. Aufgetan ist das Tor des Lebens. Gewonnen ist die Freiheit der Kinder Gottes. Wehen kann jetzt der brausende Geist der Gnade. Und schon fängt die finstere Welt an, langsam morgendlich zu glühen in der Glut deiner Liebe, und und nur eine kleine Weile – die kleine Weile, die wir die Weltgeschichte nennen –, und sie brennt auf zur hellen Glut des Feuers deiner Gottheit, und alle Welt wird eingetaucht sein im seligen Flammenmeer deines Lebens. Es ist alles vollbracht.

Vollende auch mich in deinem Geiste, du Vollbringer aller Welt, du Wort des Vaters, das im Fleisch und seiner Marter alles vollendet hat.

Werde auch ich einmal sagen dürfen am Feierabend meines Lebens: Es ist vollbracht; ich habe den Auftrag erfüllt, den du mir gegeben hast – ? Werde auch ich dein hohepriesterliches Gebet dir nachbeten dürfen, wenn die Schatten des Todes auf mich fallen: Vater, die Stunde ist gekommen ... Ich habe dich auf Erden verherrlicht, indem ich das Werk vollbracht, das zu vollbringen du mir aufgetragen hattest. Vater, verherrliche mich nun bei dir (Joh 17,1) – ? O Jesus, mag der Auftrag, den der Vater mir gegeben hat, sein, wie er will – groß oder klein, süß oder bitter, Leben oder Tod –: gib, daß ich ihn vollbringe wie du, der du alles, auch mein Leben, schon vollbracht hast, damit ich es vollbringen könne.

Siebtes Wort

Vater, in deine Hände befehle ich meinen Geist

Lk 23, 46

O Jesus, du Verlassenster, du vom Schmerz Zerrissener, du bist am Ende. An jenem Ende, wo einem alles genommen wird, selbst die Seele und das freie Ja oder Nein, wo man also sich selbst genommen wird. Denn das ist der Tod. Wer nimmt – oder was nimmt? Nichts? Das blinde Schicksal? Die erbarmungslose Natur? Nein, der Vater! Gott, der Weisheit und Liebe ist. Und darum läßt du dich dir selber nehmen. Du gibst dich selber vertrauensvoll hin in jene unsichtbaren, leisen Hände, die wir ungläubige, um unser Ich bange Menschen als den plötzlich zugreifenden, unbarmherzigen Würggriff des blinden Schicksals und des Todes empfinden. Du weißt, es sind die Hände des Vaters. Und noch deine im Tod dunkel gewordenen Augen sehen den Vater, sie schauen in das große, ruhige Auge seiner Liebe, und dein Mund spricht das letzte Wort deines Lebens: Vater, in deine Hände befehle ich meinen Geist.

Alles gibst du ihm, der dir alles gab. Alles legst du ohne Sicherung und Vorbehalt in die Hände deines Vaters. Ach, es ist viel, und es ist schwer und bitter. Und du hast es allein tragen müssen, was die Last deines Lebens war: die Menschen, ihre Gemeinheit, deinen Auftrag, dein Kreuz, die Erfolglosigkeit und den Tod. Aber jetzt ist das Tragen vorbei. Denn jetzt darfst du alles und dich selbst in die Hände des Vaters legen. Alles. Diese Hände tragen so gut und so zart. Wie Mutter-

74

hände. Sie umfassen deine Seele, wie man einen kleinen Vogel behutsam und liebend in den Händen einschließt. Jetzt ist nichts mehr schwer, sondern alles leicht, und alles ist Licht und Gnade. Und alles ist Geborgenheit am Herzen Gottes, wo man alles Schwere ausweinen kann und der Vater dem Kind die Tränen von den Wangen küßt.

O Jesus, wirst du auch einmal meine arme Seele und mein armes Leben in die Hände des Vaters legen? Leg dann alles, die Last meines Lebens, die Last der Sünde nicht auf die Waagschalen des Gerichtes, sondern in die Hände des *Vaters*. Wohin soll ich fliehen, wo soll ich mich bergen, wenn nicht bei dir, du Bruder meiner Bitterkeiten, du Ausleider meiner Sünden? Sieh, ich komme heute zu dir. Ich knie unter deinem Kreuz. Ich küsse die Füße, die unhörbar und unbeirrbar mir auf den wirren Wegen meines Lebens folgen mit blutigem Schritt. Ich umfasse dein Kreuz, Herr ewiger Liebe, Herz aller Herzen, du durchbohrtes Herz, du langmütiges und unsagbar gütiges Herz. Erbarme dich meiner. Nimm mich in deine Liebe auf. Und wenn einmal das Ende meiner Pilgerschaft anbricht und der Tag sich neigt, die Schatten des Todes mich umgeben, dann sprich auch zu meinem Ende dein letztes Wort: Vater, in deine Hände befehle ich seinen Geist. O guter Jesus. Amen.

Die Gegenwart Jesu und seines Lebens

Herr Jesus Christus, Sohn des lebendigen Gottes, wahrhaft Gott, wahrhaft Mensch, einer in der Einheit der Person und in der ungeteilten und unvermischten Zweiheit der Naturen, wir beten dich an, denn du bist wahrhaft hier mitten unter uns zugegen.

Du bist zugegen nicht nur durch deine ewige Gottheit, durch die du eines Wesens, einer Macht und einer Herrlichkeit bist mit dem ewigen Vater, durch die du alles an allen Orten erfüllst mit deiner Unermeßlichkeit, in der alles lebt, sich bewegt und ist.

Du bist hier auch gegenwärtig mit deiner menschlichen Natur; du bist hier bei uns im Sakrament des Altars mit deinem Leib und deiner Seele, mit deinem menschlichen Herzen. Du bist da: der geboren wurde aus Maria der Jungfrau, der ein menschliches Leben durchlebt und durchlitten hat mit seinen großen und kleinen Stunden, mit seinen Freuden und Tränen, mit seinem langen und grauen Alltag und mit seinen hohen Augenblicken. Du bist da: der gelitten hat unter Pontius Pilatus und der gekreuzigt wurde. Du bist da: der den Kelch des Leidens am Kreuz leerte bis zur Neige. Du bist zugegen mit deinem wiedererweckten, von der Herrlichkeit Gottes verklärten Leib. Du bist bei uns mit deinem menschlichen Herzen, durch das der Jubel aller Ewigkeiten braust, mit deinem menschlichen Geist, der das unzugängliche Licht des Vaters und seines Sohnes und seines Heiligen Geistes schaut, ihn, den ewi-

76

gen, unbegreiflichen dreifaltigen Gott – von Angesicht zu Angesicht. Wahrhaftig, du bist als
Mensch hier zugegen. Wir sehen nichts; aber das
Auge des Glaubens sieht dich, unsern Bruder, der
eines Wesens mit uns ist, gegenwärtig mitten unter uns. Unser Ohr hört nichts; aber das Ohr des
Glaubens vernimmt den ewigen Lobgesang, den
du als hohepriesterlicher Vorbeter der ganzen
Menschheit immerdar dem ewigen Vater in der
Freude deines verklärten, mit der Gottheit erfüllten Herzens singst.

Wir beten dich an, wir loben dich, wir sagen dir
Dank, wir rühmen deine Herrlichkeit, weil du unter uns wohnen wolltest, du unser Gott, du unser
Ausgang und Ursprung, unser Ziel und Ende;
weil du unter uns wohnen wolltest, du Mensch
wie wir; weil du vom Ausgang ausgehen, unsern
Weg durch die Enge der Geschöpflichkeit und
durch das Tal der Tränen pilgern und selbst am
Ziel und Ende ankommen wolltest – und doch *bist*
du aller Ziel und Ende.

Du bist zugegen unter uns. Und darum ist auch
dein Menschenleben hier bei uns unbegreiflich
nahe Gegenwart. Was du gelebt hast vor 1900 Jahren, ist, im Tiefsten gesehen, nur scheinbar vergangen. Die irdische Oberfläche deines Lebens *ist*
zwar vergangen. Du wirst nicht mehr als armes
Kind geboren; du hungerst und dürstest nicht
mehr, du wirst nicht mehr müde, du weinst nicht
mehr; die bunte, ewig wechselnde Nichtigkeit
dessen, was wir ein Menschenleben nennen, zieht
nicht mehr wie einst an dir vorüber, nicht mehr
durch dich und deine Seele hindurch, um dich zu
prägen und zu wandeln; du stirbst nicht mehr; all

das ist vorüber und vergangen, und es war köstlich, weil es einmalig und vergänglich war. All das ist vergangen, denn auch deine menschliche, geschaffene, endliche, sich wandelnde Wirklichkeit ist eingegangen in die Ewigkeit deines Vaters, ist am Ziel ihrer Vollendung, in der aller Wechsel sich vollendet hat in die Endgültigkeit, die doch freieste Lebendigkeit ist, in der alle verfließende Zeit hinaufgehoben wurde in das eine Jetzt der Ewigkeit, das alles in einem auf einmal umfaßt. Dein zeitlich-menschliches Leben ist vergangen, aber dabei ist es in Gott eingegangen.

Und darum ist es im Tiefsten Gegenwart geblieben. Denn dein menschliches Leben ist jetzt ganz vereint mit dem ewigen Gott, dem Ursprung aller Dinge, in dessen Weisheit und Liebe alles Vergängliche ewige, unveränderliche Gegenwart ist. Dein menschlicher Geist und dein menschliches Herz sehen und umfassen den, bei dem alle Zeit ihre Ewigkeit, alles Werden seine ewige Dauer, aller Wechsel seine unwandelbare Ruhe, alle Vergänglichkeit ihre ewige Beharrlichkeit haben. In der ewigen Weisheit und Liebe Gottes selbst kann dein Herz immer die göttliche Gegenwart deines vergangenen Lebens sehen, lieben, bejahen und umfassen, weil darin dieses Leben seine reine Gegenwart hat.

Aber auch in deinem Herzen selbst, o Jesus, ist dein vergangenes Leben eigentlich immer noch Gegenwart.

Denn was in einem menschlichen Leben vergeht, ist bloß der äußere Vorgang. Aber wenn dieser im Dunkel der nichtigen Vergangenheit versinkt, hat er ein Ewiges geboren, hat er für sein

Teil mitgeformt am geisten Menschen in uns, der
Ewigkeit ist. In der vergänglichen Zeit wird in uns
etwas, das nicht mehr vergeht; wir sind nicht wie
eine Straße, auf der der endlose Zug der Augenblicke einherzieht und die so leer wie vorher ist,
wenn diese Augenblicke vorbeigezogen sind; wir
sind vielmehr gleich einem Schatzhaus, in dem jeder Augenblick bei seinem Scheiden das hinterläßt, was an ihm ewig war: die Einmaligkeit der
freien Liebe und der Entscheidung eines Menschen für oder gegen Gott; denn diese ist jedes-
mal ewig. Es ist, als ob die Wellen der Zeitlichkeit
in ihrem ewigen Auf und Nieder immer leise an-
schlügen am Gestade der Ewigkeit und als ob so
jede Welle, jeder Augenblick, jede Tat dort das an
ihnen zurückließen, was an ihnen ewig ist, das
Gute und das Böse. Denn diese sind die Ewigkeit
in den Dingen der Zeit.

Diese ewige Güte oder Bosheit unserer vergänglichen Werke sinkt nieder auf den ewigen
Grund unserer Seele, dringt in ihn ein, gestaltet
diesen verborgenen (uns, nicht Gott verborgenen)
Grund der Seele. Und so bildet sich in der Vergänglichkeit langsam ein Ewiges, das ewige Antlitz unserer Seele und in ihm unser ewiges Schicksal. Und wenn die Zeit vergangen ist, dann ist
eigentlich nicht alles vorbei. Dann sind nur die
Wasser der Vergänglichkeit zerronnen und haben
auch für den Menschen selbst das freigegeben
und offenbar werden lassen, was bisher für ihn
verborgen war: sein Leben, so wie es in seinem
frei geformten und gestalteten Wesen Ewigkeit
geworden ist.

So ist es auch bei dir, o Jesus, denn du bist

wahrhaft Mensch und hast wahrhaftig ein menschliches Leben vollendet. Und darum ist es auch in dir, nicht bloß in Gott, Gegenwart geblieben. *Der* du in deinem Leben geworden bist, *der* bist du jetzt und in Ewigkeit. Deine Kindheit ist vergangen; aber jetzt bist du noch immer der, der eine Kindheit durchlebt hat, bist jetzt, wie man nur sein kann, wenn man einmal Kind war. Deine Tränen sind versiegt. Aber jetzt bist du, wie einer nur sein kann, der einmal geweint hat und dessen Herz nie mehr vergessen kann, warum er weinte. Deine Mühen sind vergangen. Aber die Reife des Menschen, der sie erlitten hat, ist in dir Ewigkeit. Dein irdisches Leben und Sterben ist vergangen, aber was darin wurde, ist in dir Ewigkeit und ist darum unter uns Gegenwart: Gegenwart der Ewigkeit ist hier die Tapferkeit deines Lebens, die alles überwunden hat, die Liebe, die dieses Leben formte und verklärte. Gegenwart der Ewigkeit ist dein Herz, das zu den unbegreiflichen Fügungen des Vaters ein reines Ja sagte, ist dein Gehorsam, die Treue, die Sanftmut, die Liebe zu den Sündern, die in den Augenblicken deines Lebens wuchsen, erstarkten und als deine freie Tat zu deinem eigenen menschlichen Wesen wurden. So bist du jetzt unter uns; und was du warst und was du lebtest und littest, ist darum unter uns Gegenwart.

Und noch aus einem dritten Grund ist dein einstiges Leben hier in wahrem Sinn unter uns gegenwärtig. Als du dein Leben lebtest, waren dir in deinem Wissen und Lieben nicht nur deine eigene irdische Umgebung, das Land und das Volk deiner eigenen irdischen Lebenszeit gegenwärtig.

Vor dem Sinnen und Lieben nicht nur deiner Gottheit, sondern auch deines menschlichen Herzens standen auch wir, ich, mein Leben, meine Zeit, meine Umgebung, meine Schicksale, meine großen und kleinen Stunden, das, was ich frei sein wollte. Du wußtest in der geheimnisvollen Innigkeit des Grundes deines Wesens schon alles, du hattest schon immer dies alles in dein Herz aufgenommen und mitgetragen. Und darum ist dein menschliches Leben auch immer schon mitgeformt worden durch mein eigenes Leben. Mein Leben gehört zu deinem Schicksal. Du hast auch schon ja gesagt zu meinem Leben, hast gebetet für mich damals, hast geweint für mich, hast schon gedankt für meine Gnade; dein eigenes Leben hat sich mit meinem Leben beschäftigt und ist darum durch sein Verhalten zu mir und meinem Leben geformt worden. Und wenn es Ewigkeit geworden und im Sakrament hier Gegenwart bei uns ist, so bist du von vornherein bei uns als der, dessen endgültig gewordenes Leben von damals das Wissen um mich und die Liebe zu mir einschließt.

So wollen wir dich anbeten. O Jesus, wir beten dich an. O ewiger Gott, wir beten dich an.

Unser Erlöser, gegenwärtig im Sakrament, wir beten dich an.

Jesus, gegenwärtig als wahrer Mensch, wir beten dich an.

Leben und Sterben Jesu, Gegenwart der Ewigkeit im unveränderlichen Wissen und Wollen des immergleichen Vaters, wir beten dich an.

Leben und Sterben Jesu, immerbleibende Gegenwart in der himmlischen Endgültigkeit deines in diesem Leben und Sterben geformten Herzens, wir beten dich an.

Gegenwärtiges Leben und Leiden Jesu, das unser Leben immer schon in sich aufgenommen hatte, wir beten dich an.

Jesus, der du wahrhaft bei uns bist, wir beten dich an.

Die Gegenwart des Ölbergleidens Jesu

Jesus, du bist hier wahrhaftig bei uns, auch mit deinem menschlichen Sein; mit Fleisch und Blut, mit Herz und Geist. Und darum bist du auch mit deinem menschlichen Leben bei uns, weil es nicht einfach vergangen, sondern in die ewige Wirklichkeit deines Herzens eingegangen ist.

Und darum sind bei uns auch die Stunden deines Kampfes und Leidens am Ölberg, die wir in dieser Stunde in Glaube und Liebe, in Ernst, Dankbarkeit und sühnendem Mitleiden verehren wollen.

Dein menschlicher Geist sieht auch jetzt noch in der Glorie des Himmels den ewig unveränderlichen Willen des Vaters, der deinem Leben die Ölbergstunden bestimmt hat. Dein Herz betet auch jetzt noch diesen Willen des Vaters an. Und dein Geist und dein Herz sind hier unter uns zugegen.

Du bist bei uns: der die Ölbergstunden erlitten hat. Was du damals erlebt und erlitten hast, ist vergangen: keine Traurigkeit und keine Qual, keine Bitterkeit und keine Todesangst berühren mehr dein Herz in der Seligkeit des Vaters, in die du eingegangen bist. Aber was du gerade damals erlebt und erlitten hast, hat dein Herz geformt, und darin ist es geblieben, und so bist du bei uns. Sagt ja der Apostel (Hebr 5, 7 f.) von dir, daß du in den Tagen deines Erdenlebens unter lautem Aufschrei und unter Tränen Bitten und Flehen vor den gebracht hast, der dich vom Tod bewahren konnte, und daß du so an deinem Leib den Gehorsam gelernt hast. Und so beten wir dich an, und dir, der gerade damals am Ölberg so geworden ist, sagen wir: Erbarme dich unser.

O Jesus, bei deinem am Ölberg gelernten Gehorsam: erbarme dich unser.

Jesus, bei deiner am Ölberg erkämpften Ergebung: erbarme dich unser.

Jesus, bei deiner am Ölberg bewährten Leidensbereitschaft: erbarme dich unser.

Jesus, bei deiner auch am Ölberg nicht besiegten Liebe zu uns: erbarme dich unser.

Jesus, bei deiner auch am Ölberg nicht verbitterten Güte: erbarme dich unser.

Jesus, bei deinem auch am Ölberg tapfer gebliebenen Starkmut: erbarme dich unser.

Jesus, bei deiner auch am Ölberg nicht wankend gewordenen Sanftmut: erbarme dich unser.

Jesus, bei der Angst und Trauer jener Stunden: erbarme dich unser.

Jesus, bei deinem Zittern und Zagen: erbarme dich unser.

Jesus, bei deinem Gebet am Ölberg: erbarme dich unser.

Jesus, bei dem Fallen auf dein Angesicht: erbarme dich unser.

Jesus, bei der immer wieder erneuten Inständigkeit deines Betens: erbarme dich unser.

Jesus, bei der Betrübnis deiner Seele bis zum Tod: erbarme dich unser.

Jesus, bei deiner Bitte um die Wegnahme des Leidenskelches: erbarme dich unser.

Jesus, bei deinem „Doch nicht mein, sondern dein Wille geschehe": erbarme dich unser.

Jesus, bei deinem Abba-Vater-sagen: erbarme dich unser.

Jesus, bei deinem dreimal wiederholten Ja zum Willen des Vaters: erbarme dich unser.

Jesus, bei deiner Verlassenheit durch die schlafenden Apostel: erbarme dich unser.

Jesus, bei deiner Stärkung durch einen Engel: erbarme dich unser.

Jesus, bei dem blutigen Schweiß deiner Ölbergangst: erbarme dich unser.

Jesus, bei der Voraussicht und dem Vorausleiden aller weiteren Leiden: erbarme dich unser.

Jesus, bei deinem Wissen am Ölberg um die Sünden der ganzen Welt: erbarme dich unser.

Jesus, bei deinem Ekel vor den Sünden aller Zeiten: erbarme dich unser.

Jesus, bei deinem Wissen am Ölberg um meine Sünden: erbarme dich unser.

Jesus, bei deiner Herzenstrauer um meine Sünden: erbarme dich unser.

Jesus, bei deiner Bereitschaft am Ölberg, all das auf dich selbst zu nehmen: erbarme dich unser.

Jesus, bei der Herzensnot über die Vergeblichkeit deines Leidens: erbarme dich unser.

Jesus, bei der Gottverlassenheit in deinen Ölbergqualen: erbarme dich unser.

Jesus, bei deinem Gehorsam zum unbegreiflichen Willen des Vaters: erbarme dich unser.

Jesus, bei deiner unüberwindlichen Liebe zum anscheinend nur zürnenden Gott: erbarme dich unser.

Jesus am Ölberg, Vorbeter aller Leidenden: erbarme dich unser.

Jesus am Ölberg, du Verlassenster aller Verlassenen: erbarme dich unser.

Jesus am Ölberg, du Wortführer aller in Angst nach Gott Rufenden: erbarme dich unser.

Jesus am Ölberg, du Vorbild aller Versuchten: erbarme dich unser.

Jesus am Ölberg, du Trost aller in Todesnot qualvoll Ringenden: erbarme dich unser.

Jesus am Ölberg, du Haupt aller derer, die die Sünden der Welt ausleiden müssen: erbarme dich unser.

Jesus am Ölberg, du brüderlicher Teilhaber an der Not und Verzweiflung der ganzen Welt: erbarme dich unser.

Jesus am Ölberg, der alles Leid versteht: erbarme dich unser.

Jesus am Ölberg, bei dem alle Verlassenheit eine Heimat hat: erbarme dich unser.

Jesus am Ölberg, der noch jeden Sünder liebt: erbarme dich unser.

Jesus am Ölberg, der den Verworfensten noch an sein Herz drücken will: erbarme dich unser.

Jesus am Ölberg, in dessen Todesangst unser Sterben zu seligem Heimgang erlöst ist: erbarme dich unser.

Jesus am Ölberg, sei uns gnädig: verschone uns, o Jesus.

Jesus am Ölberg, sei uns gnädig: erlöse uns, o Jesus.

Von den am Ölberg beweinten Sünden: erlöse uns, o Jesus.

Von der Undankbarkeit gegen deine Liebe: erlöse uns, o Jesus.

Von der Gleichgültigkeit gegen deine Leiden: erlöse uns, o Jesus.

Von der Gefühllosigkeit gegen deine Todesangst: erlöse uns, o Jesus.

Von dem Widerstreben gegen die am Ölberg erworbenen Gnaden: erlöse uns, o Jesus.

Von dem Widerspruch gegen dein Ja zu Leid und Sühne am Ölberg: erlöse uns, o Jesus.

Vom Zweifel an der Liebe Gottes in unseren Ölbergnächten: erlöse uns, o Jesus.

Von der Verbitterung in unseren Ölbergbitternissen: erlöse uns, o Jesus.

Von der Verzweiflung in unserer Verlassenheit: erlöse uns, o Jesus.

Wir armen Sünder: wir bitten dich, erhöre uns.

Verzeih uns unsere Sünden: wir bitten dich, erhöre uns.

Gib uns Verständnis für dein Leiden: wir bitten dich, erhöre uns.

Lehr uns deine Ergebung in den Willen des Vaters am Ölberg: wir bitten dich, erhöre uns.

Gib uns von der Inständigkeit deines Betens in der Ölbergnacht: wir bitten dich, erhöre uns.

Schenk uns die Gesinnungen deines Herzens in den Ölbergstunden: wir bitten dich, erhöre uns.

Verleihe uns Verständnis für Buße und Sühne: wir bitten dich, erhöre uns.

Laß uns unser Leiden erkennen als Teilnahme

an deinem heiligen Leiden: wir bitten dich, erhöre uns.

Erfülle uns mit deinem Abscheu vor unsern Sünden: wir bitten dich, erhöre uns.

Gib uns deine Kraft und Geduld in unseren Nöten und Verlassenheiten: wir bitten dich, erhöre uns.

Steh uns mit deinem Todesmut bei in unserer Todesangst: wir bitten dich, erhöre uns.

Send uns deinen Ölbergengel in unserer Todesstunde: wir bitten dich, erhöre uns.

Lehr uns allzeit wachen und beten mit dir am Ölberg: wir bitten dich, erhöre uns.

Lehr uns beten, wenn wir uns schwach und verzagt fühlen: wir bitten dich, erhöre uns.

Leg uns das Wort „VATER" ins Herz und auf die Lippen, gerade dann, wenn Gott der Herr und strenge Richter, der unbegreifliche, unnahbare Gott zu sein scheint: wir bitten dich, erhöre uns.

Lamm Gottes, du nimmst hinweg die Sünden der Welt: verschone uns, o Herr.

Lamm Gottes, du nimmst hinweg die Sünden der Welt: erhöre uns, o Herr.

Lamm Gottes, du nimmst hinweg die Sünden der Welt: erbarme dich unser.

Lasset uns beten: Jesus, der du hier gegenwärtig bist, bei den heiligen Gesinnungen deines gottmenschlichen Herzens, mit denen du die Todesnot des Ölbergs sühnend, gehorsam und liebend bestanden hast und mit denen du auch jetzt unter uns weilst, bitten wir dich: erfülle unser Herz mit Reue über unsere Sünden, laß uns unser Kreuz in deinem Geiste als Sühne und Buße auf uns neh-

men und gib uns dankbare Gegenliebe für deine
Liebe, mit der du für uns Sünder am Ölberg dein
hochheiliges Leiden begonnen hast. Amen.

Von der Gegenwart des Ölbergleidens in uns

Herr Jesus Christus, du bist hier gegenwärtig im
heiligen Sakrament. Aber nicht bloß so weilst du
unter uns. Du lebst auch in uns selbst. Seit wir
durch die Taufe deinem geheimnisvollen Leibe,
der die Kirche ist, eingegliedert wurden, lebst du
durch deinen Heiligen Geist, mit dem wir gesalbt
und gesiegelt wurden, auch in uns. Du bist in uns
das Leben unseres Lebens, unseres Geistes und
unseres Herzens. In der Kraft und der lebenspen-
denden Macht deines Heiligen Geistes, der vom
Vater durch dich ausgeht, hast du von der innersten Mitte unseres Wesens, von der verborgen-
sten Tiefe unserer Seele Besitz ergriffen, hast sie
umgestaltet, verklärt, geheiligt und vergöttlicht.
Nicht mehr wir leben, sondern du in uns; nicht
mehr gehören wir uns selbst, sondern dir. Du bist
das Gesetz unseres Lebens, die inwendige Kraft
unseres Seins und Wirkens, das verborgene Licht
unseres Geistes, die tiefe Glut unserer Herzen,
der heilige Glanz unseres ganzen Wesens, der es
gleichgestaltet dem ewigen Licht der Gottheit
selbst. Weil du in uns bist und lebst, weil du dein
eigenes Sein und Leben durch dich, die unge-
schaffene Gnade selbst, uns mitteilst, weil du uns
in der geschaffenen Gnade fähig machst, dich

selbst und den einen, dreifaltigen Gott in uns aufzunehmen, zu besitzen und dein und sein Leben
mitzuleben: darum sind wir aus der Gnade deiner
unbegreiflichen Liebe wahrhaft und wirklich
Söhne und Töchter deines ewigen Vaters, wahrhaft deine Brüder und Schwestern, Miterben mit
dir an der Herrlichkeit deines Vaters, die der Vater
in ewiger Zeugung dir als Gott mitteilt und auch
deiner menschlichen Seele in *der* Gnade schenkt,
wie sie auch unsere ist. Darum sind wir wirklich
erfüllt von der ewigen Liebe, die von dir und dem
Vater ewig ausgeht als die Person des Heiligen
Geistes. So sehr lebst du, o Jesus, in uns, daß
selbst deine Gegenwart im Sakrament nur das
Mittel ist, um deine Gnadengegenwart in uns an-
zuzeigen, mitzuteilen, wachsen zu lassen und zu
befestigen. Deine Gegenwart im Sakrament wird
am Ende der Zeiten zu Ende sein. Aber deine Gegenwart in uns wird bleiben, wird, wenn einmal
die Schleier des sie bedeckenden Glaubens fallen,
emporsteigen aus den uns selbst verborgenen Tiefen unserer Herzen und dann das selige Leben
heißen.

Aber weil du in uns lebst, ist unser Leben bis in
seinen scheinbar weltlichsten Alltag hinein auch
untertan den Gesetzen deines Lebens. Unser Leben ist eine Fortsetzung deines Lebens. Als wir
getauft wurden, fing ein neues Kapitel deines Lebens an; unser Taufschein ist ein Blatt aus deiner
Lebensgeschichte. Wir müssen ja gleichförmig
werden deinem Bilde, du Erstgeborener unter vielen Brüdern, wir müssen ja dich anziehen. Weil
du in uns lebst, mußt du immer mehr Gestalt in
uns gewinnen. So wie die verborgene Got-

tesgnade deiner menschlichen Seele dein irdisches
Leben zu ihrem reinen Ausdruck und zu ihrer Offenbarung machte in der irdischen Erscheinungs-
welt, so muß dieselbe Gnade – deine Gnade – unser Leben, alles was wir tun und leiden, zu ihrer
Offenbarung machen und dadurch unser irdisches
Leben deinem irdischen und doch himmlischen
Leben gleichförmig gestalten. Du wolltest ein Leben in allen Zeiten, in allen Situationen, in allen
Völkern und Geschlechtern führen. Und weil du
das in der geschöpflichen Enge deines eigenen irdischen Lebens nicht konntest, darum ergreifst du
in deiner Gnade, durch deinen Heiligen Geist, der
aus deinem durchbohrten Herzen uns zuteil wird,
unser Leben und suchst es deinem gleichzugestal-
ten, damit in allen Zeiten und allen Zonen bis
zum Ende der Tage in immer neuen Weisen und
Formen dein Leben, o Jesus, weitergelebt werde.

Wenn aber dein Leben durch deine Gnade und
den Heiligen Geist in unserem Leben neue Gestalt
gewinnen soll, dann gilt das auch von deinem Leiden, deiner gebenedeiten Passion. Denn diese ist
das entscheidende Ereignis in deinem Leben. In
der Taufe wurden wir, wie dein Apostel sagt, in
deinen Tod hineingetauft. Weil wir geisterfüllte
Kinder Gottes und deine Miterben sind, müssen
wir mit dir leiden, um mit dir deine Herrlichkeit
zu teilen. Allzeit tragen wir nach deinem Apostel
dein Todesleiden an unserem Leibe, damit dein
Leben an unserem sterblichen Fleisch offenbar
werde. Du mußt unvermeidlich auch Gestalt in
uns gewinnen als der Gekreuzigte. In den Gliedern deines geheimnisvollen Leibes leidest du
weiter bis zum Ende der Zeiten. Erst wenn die

letzte Träne geweint, der letzte Schmerz dieser
Erde vergangen, die letzte Todesnot durchlitten
sein wird, ist dein Leiden, o Jesus, eigentlich zu
Ende. Wenn dein Kreuz nicht auch mich drückte,
könnte ich dein Jünger nicht sein; wenn dein Leiden nie auch mein Anteil wäre, dann müßte ich
schließen, daß dein Geist, das Lebensgesetz deines irdischen Lebens, nicht in mir wohnte und
wirkte. Dann aber wäre ich nicht dein, sondern
fern von dir, dem wahren und ewigen Leben.

Wenn das aber so ist, wenn du zu meinem und
der Welt Heil und zur Ehre des Vaters fortleiden
willst auch in mir, wenn du auch durch meine
Schmerzen und Nöte noch ergänzen willst, was an
deinem Leiden noch aussteht, für deinen Leib, der
die Kirche ist: dann werde ich auch immer wieder
in meinem Leben einen Anteil, einen armen und
kleinen, aber wahren Anteil erhalten an deiner Ölbergnacht. Dann wird meine „heilige Stunde", in
der ich dein Ölbergleiden verehre, von mir am
wahrsten nicht gefeiert werden in der friedlich-
frommen Andacht dieser Stunde in der Kirche.
Die eigentlichen „heiligen Stunden" sind die Stunden, in denen die Not des Leibes und der Seele
sich erdrückend auf mich legt; die Stunden, da
Gott mir den Kelch des Leidens reicht; die Stunden, in denen ich weine über meine Sünden, die
Stunden, in denen ich zu deinem Vater, o Jesus,
rufe, scheinbar ohne Erhörung zu finden; die
Stunden, da der Glaube zur qualvollen Not wird,
die Hoffnung sich in Verzweiflung zu wandeln,
die Liebe im Herzen tot zu sein scheint. Das sind
die eigentlichen „heiligen Stunden" meines Lebens, die Stunden, in denen deine Gnade in mei-

nem Herzen mich geheimnisvoll hineinzieht in deine Ölbergnot. Wenn sie aber über mich kommen, diese Stunden, dann erbarme dich meiner, o Herr.

Wenn deine Ölbergnot auf mich fällt, dann stehe mir zur Seite. Gib mir dann die Gnade, zu erkennen, daß diese deine heiligen Stunden Gnade, Stunden deines Lebens, deines Ölbergs sind. Dann laß mich begreifen, daß sie im letzten nicht über mich kommen aus blindem Zufall oder aus Menschenbosheit oder als tragisches Geschick, sondern als die Gnade, an deinem Ölbergschicksal teilzunehmen.

Dann gib mir die Gnade, ja zu sagen, ja zum Bittersten, ja zu allem, weil alles in solcher Stunde, selbst die Folgen meiner eigenen Schuld, Wille der ewigen Liebe ist, die gebenedeit sei immerdar. Gib mir in solchen Stunden die Gnade zu beten, selbst wenn der Himmel bleiern und verschlossen zu sein scheint, selbst wenn das tödliche Schweigen Gottes mich begräbt, selbst wenn alle Sterne meines Lebens erloschen, selbst wenn Glaube und Liebe in meinem Herzen tot zu sein scheinen, selbst wenn der Mund Gebetsworte stammelt, die dem zermalmten Herzen wie Lügen klingen. Dann bete durch deine Gnade noch in mir die kalte Verzweiflung, die mein Herz töten will, ein Bekenntnis zu deiner Liebe: dann sei die vernichtende Ohnmacht einer Seele in Todesangst, einer Seele, die nichts mehr hat, woran sie sich klammern könnte, noch ein Schrei empor zu deinem Vater. Dann sei – es sei dir jetzt schon gesagt, wo ich vor dir knie – alles versenkt in deine Todesangst am Ölberg und von ihr umschlossen.

Erbarme dich unser, o Jesus, wenn der Engel unseres Lebens uns, wie dir, den Kelch reicht. Wir bitten dich, erbarme dich unser. Erbarme dich dann nicht dadurch, daß der Kelch an uns vorübergeht. Wer dir angehört, muß ihn mit dir trinken, wie du ihn getrunken hast. Aber erbarme dich dadurch, daß du uns dann beistehst, beistehst nicht dadurch, daß wir uns stark fühlen in dieser Stunde, sondern so, daß deine Stärke in unserer Schwachheit siegt. Erbarme dich unser, so flehen wir. Du sahst in deiner Ölbergqual die Menschen solcher Ölbergstunden vor dir, und dieses Gesicht hat damals dein Herz getröstet. Laß uns zu den Menschen deines Trostes gehören. Erbarme dich unser, so rufen wir.

Wenn du uns Anteil gibst an deinen Ölbergstunden: erbarme dich unser.

Wenn wir die Stunden der Bedrängnis erkennen sollen als Anteilnahme an deinem Leid: erbarme dich unser.

Wenn uns wie dir Gottes Wille hart und unbegreiflich erscheint: erbarme dich unser.

Wenn Trauer und Betrübnis, Ekel und Angst uns wie dich überfallen: erbarme dich unser.

Wenn Reue über unsere Sünden über uns kommt: erbarme dich unser.

Wenn uns die Heiligkeit und Gerechtigkeit Gottes mit Schrecken erfüllt: erbarme dich unser.

Wenn wir büßen und sühnen müssen für das, was wir gefehlt haben: erbarme dich unser.

Wenn wir berufen werden, mitzuleiden am Leiden deines geheimnisvollen Leibes, der Kirche: erbarme dich unser.

Wenn wir aus Selbstsucht versucht sind, unsere

Leiden wehleidig zu überschätzen: erbarme dich unser.

Wenn wir wie du von den Freunden verraten werden: erbarme dich unser.

Wenn wir wie du von aller Hilfe verlassen sind: erbarme dich unser.

Wenn Feindseligkeit und Haß uns wie dir begegnen: erbarme dich unser.

Wenn uns Liebe mit Undank belohnt wird wie dir: erbarme dich unser.

Wenn der Vater unser Gebet nicht zu hören scheint: erbarme dich unser.

Wenn in der Nacht des Leidens das Licht des Glaubens sich zu verdunkeln scheint: erbarme dich unser.

Wenn in den Ölbergstunden die Hoffnung von der Verzweiflung besiegt zu werden droht: erbarme dich unser.

Wenn in unseren wahren „heiligen Stunden" die Gottesliebe in uns zu schwinden scheint: erbarme dich unser.

Wenn nichts mehr in uns lebt als unser letztes Elend, unsere äußerste Ohnmacht und Gottes Unbegreiflichkeit: erbarme dich unser.

Wenn uns Todesangst wie dich überfällt: erbarme dich unser.

Lamm Gottes, das du all unser Leid am Ölberg auf dich genommen hast: verschone uns, o Jesus.

Lamm Gottes, das du am Ölberg und am Kreuz unser Leid erlöst und geheiligt hast: erhöre uns, o Jesus.

Lamm Gottes, das du diejenigen, die mit dir und in dir gelitten haben, einführst in die Herrlichkeit des Vaters: erbarme dich unser, o Jesus. Amen.

Himmelfahrt und Gegenwart des Herrn

O Herr, wenn du wiederkommst, so wie du von uns gegangen bist, als ein wahrhafter Mensch, dann sollst du dich in uns finden, als den Tragenden, den Geduldigen, den Getreuen, den Gütigen, den Selbstlosen, als denjenigen, der am Vater festhält auch in der Finsternis des Todes, als den Liebenden, den Frohen. So sollst du, o Herr, dich in uns finden, wie wir gerne sein möchten und nicht sind. Aber deine Gnade ist nicht nur geblieben, sondern gerade dadurch erst eigentlich zu uns gekommen, da du, auffahrend und zur Rechten Gottes sitzend, deinen Geist in unsere Herzen ausgegossen hast. Und so glauben wir wahrhaft, daß du gegen alle Erfahrung in uns dein Leben fortsetzest, selbst wenn wir in uns – ach fast immer nur uns und nicht dich finden. Du bist aufgefahren in die Himmel, sitzest zur Rechten Gottes mit unserem Leben. Du kommst mit diesem Leben wieder, um deines in unserem zu finden. Und daß du es finden wirst, das wird unsere Ewigkeit sein, auch wenn wir mit allem, was wir sind und lebten und hatten und trugen, eingegangen sein werden durch deine Wiederkunft in die Herrlichkeit deines Vaters.

Nachfolge Christi

Herr Jesus Christus, Sohn des lebendigen Gottes, wahrhaft Gott und wahrhaft Mensch, in einer einzigen Person, Gott von Ewigkeit, Mensch geworden in unserer Weltzeit, in der du bei uns bist alle Tage bis zum Ende der Zeiten: Wir beten dich an.

Du hast alles mit uns geteilt. Du selber, herrlicher, gleichwesentlicher Abglanz des Vaters, hast unser Leben gelebt. Du kennst es, dieses unser Leben, du hast es erfahren und ausgekostet. Du weißt, wie es ist. Wir können nicht sagen, daß du nicht wüßtest, wie es ist, ein Mensch zu sein, daß du nicht nachfühlen könntest, was es bedeutet, untertan zu sein den Mächten und Gewalten dieser Erde. Du hast gespürt, was es heißt, einen Leib zu haben, das Fleisch der Sünde und des Todes; was es heißt, eingefangen zu bleiben in der Endlichkeit unter den Mächten dieser Erde: Hunger, Tod, Politik, Unverstand, Armseligkeit, Herkommen, Gesetze, die über uns verfügen, Zwang zum Brotverdienst, Verfangenheit in Umgebung und Lebenslagen, die man sich nicht selber wählt. Du warst ein Mensch. Es muß sinnvoll, schön und selig sein, ein Mensch zu sein. Dir und deinem Leben glauben wir es.

Du hast mit uns auch geteilt, was du mitbrachtest auf diese Erde: die Liebe deines Vaters, seine Herrlichkeit, sein göttliches Leben, seine Wahrheit, die aller Wahrheit eigentliche Wahrheit ist. Du hast uns alles gegeben, was der Vater dir gab: die Teilnahme an der göttlichen Natur, die Kindschaft, den Heiligen Geist, das ewige Leben. Wir nehmen es an. Wir sind bereit, unendlich mehr zu sein als ein bloßer Mensch: ein Sohn der Ewigkeit, ein Kind Gottes, Erbe der Verheißung, dein Bruder, Tempel deines Geistes, königliche Priester, die deinen Vater preisen und die Welt als Lobgesang zu ihrem Schöpfer zurücktragen, Arbeiter in deinem Weinberg, Zeugen deiner Wahrheit, Anbeter im Geist, Künder des Lichtes, strahlend, nach dem Wort deines Apostels, wie Sterne inmitten eines bösen und verkehrten Geschlechtes (Phil 2, 15).

Lebe also in uns. Dir gehört unser Leben und unser Tod. Deinem Lebensgesetz wollen wir untertan sein. Verfüge über uns. Wir wollen uns nicht wundern, sondern allzeit zustimmen, wenn du dein Leben in uns fortsetzest, das gewöhnliche, das alltägliche, das bittere Leben. Das Leben, dessen Speise der Wille deines Vaters ist. Wir wollen dir nachfolgen.

Wir wollen dein Gebet, ewiger Hoherpriester, fortsetzen durch alle Zeiten, bis die Welt das Gebet des Preises der Ewigkeit, das ewige Amen zu allem, was Gott getan hat, anstimmen darf. Wir wollen beten im Alltag, in den großen Augenblicken unseres Lebens, in den Tiefen unserer Anfechtung, in der Ohnmacht unserer Ölbergstunden, in den letzten Einsamkeiten unseres Herzens. Wir erbitten von dir die Gnade, allzeit zu beten und nicht nachzulassen. Wir bitten um deinen Heiligen Geist, damit er auf den Fittichen seines göttlichen Sprechens in dem dreifaltigen Leben Gottes unsere armen Worte hinübertrage über den Abgrund des Nichts aus dieser Welt in die Unendlichkeiten des ewigen Gottes. Wir glauben, daß wir nie allein beten, sondern daß du mitten unter uns und in deinem Heiligen Geist in uns weilst und betest, wenn wir in der Gemeinde deines heiligen Volkes und wenn wir in der einsamen Kammer beten. Anbeter des Vaters im Geist und in der Wahrheit, bete in uns und mit uns alle Tage unseres Lebens.

Wir wollen deine Zeugen und deine Apostel sein. Zeugen deiner Wahrheit und deiner Liebe, Gesandte deiner Sendung zum Heile der Welt. Wie der Vater dich gesandt hat, so sendest du uns alle. Deine Sendung ist hart und schwer. Wir sind schwach, feige und unlustig, störrisch und ungeschickt. Wir haben schon der Last genug an uns selbst. Aber wir wollen dennoch gehen. Wir wollen immer wieder anfangen. Wir werden uns immer wieder davonschleichen wollen, müde und nach Ruhe verlangend. Laß uns nicht in Ruhe. Scheuche uns immer wieder auf. Lehre uns, daß man sein eigenes Heil nur in der Sorge um das Heil anderer wirken kann. Mach uns hellsichtig und behend in den Gelegenheiten, für dein Reich zu arbeiten. Gib uns Hoffnung wider alle Hoffnung, schenke uns deine Kraft in unserer Ohnmacht. Verleihe uns die Liebe, die selbstlos ist und geduldig, zuversichtlich und treu. Laß uns in unserem Apostolat die nicht übersehen, die uns am nächsten stehen.

Wenn dein Geist in uns lebt und uns treibt, folgen wir dir nach. Dann bist du in uns und führst dein eigenes Wort weiter, das Wort des Erbarmens, die Tat der Erlösung, die Verklärung der Welt. Wenn wir dir in deinem Geiste nachfolgen, geschieht ein Stück des Kommens deines Reiches.

Jetzt noch in Glaube und Trübsal, unter dem Schatten deines Kreuzes. Aber gerade so ist dann dein wirkliches Reich am Kommen, das Reich der Wahrheit und des Lebens, das Königreich der Heiligkeit und Gnade, der Gerechtigkeit, der Liebe und des Friedens. Gib uns die Gnade, dir in Treue nachzufolgen. Amen.

Nachfolge in der Liebe zum Nächsten

Herr Jesus Christus, du selbst hast mir einen Weg zu einem wirklichen, mein Leben bestimmenden Glauben gewiesen. Es ist der Weg der alltäglichen und tätig hilfsbereiten Liebe zum Nächsten. Auf diesem Weg begegne ich dir, unbekannt und erkannt. Führe mich, Licht des Lebens, diesen Pfad. Laß mich ihn in Geduld gehen, immer weiter und immer neu. Gib mir die unbegreifliche Kraft, mich selbst an den Menschen zu wagen, in der Gabe mich selbst zu geben. Dann trittst du selber in unbegreiflicher Einheit mit denen, die meine Liebe empfangen, im Nächsten mir entgegen: Du bist der, der das *ganze* Leben der Menschen annehmen kann, und du bleibst zugleich der, in dem es, weggegeben an Gott, nicht aufhört, Liebe zum Menschen zu sein.

Mein Glaube an dich ist unterwegs, und ich sage mit dem Mann im Evangelium: „Ich glaube; Herr, hilf meinem Unglauben." Führe mich deinen Weg, du der du Weg zum Nächsten, unbekannt gesuchter Bruder und darin Gott bist. Jetzt und immer. Amen.

Das Wort Gottes als Zusage an mich

Jesus, du hast die unbegrenzte, alles eröffnende und prüfende Frage des menschlichen Daseins gestellt, die ich selber bin. Aber dies geschah nicht bloß in Worten, sondern durch deine ganze Geschichte, nicht halb und mit Vorbehalt wie ich. Ich klammere mich dagegen an das einzelne, das sicher ist, und halte mich an den Tod, den ich als die Fraglichkeit schlechthin nur von ihm her erleide, ihn aber nicht aktiv vollziehe. *Du* bist die radikale Frage, die ich sein sollte. Du bist nämlich frei gestorben, und Gott stellte in dir diese grenzenlose Frage als seine eigene, nahm sie selber an und hob sie in jene Antwort auf, die seine heilige und selige Unbegreiflichkeit selber ist.

Was die Kirche, deren getauftes Glied ich bin, mir von dir sagt, klingt mir oft unbegreiflich. Lehre mich durch mein Leben, was damit gemeint ist. Ich will geduldig sein und warten können. Ich will versuchen, es mir immer wieder in das zu übersetzen, was ich an dir erfahre. Ich will auch das, was ich erfahre, weiten und einbergen in das, was deine Kirche von dir glaubt und bekennt.

Du *bist* gestern, heute und in Ewigkeit, weil *dein* Leben vor Gott nicht verlorengegangen sein kann. Du bist die unendliche Frage, an der ich und mein sterbendes Leben teilhaben, eben der Mensch. Du bist das Wort Gottes, weil Gott sich selbst mir in dir zusagte und sich selbst als Antwort aussagte. Du bist die Antwort Gottes, weil die Frage, die du als der sterbend Gekreuzigte bist, mit Gott selbst ewig beantwortet ist in deiner Auferstehung. Du bist der Gott-Mensch, beides, unvermischt und ewig ungetrennt. Laß mich im Leben und Sterben dein sein. Amen.

Begegnung mit Jesus

Jesus, alle Dogmatik über dich ist gut, und ich sage vor ihr gern immer wieder: Ich glaube; „Herr, hilf meinem Unglauben." Aber alle Dogmatik über dich ist nur gut, weil sie mir das mir eigene, innere Bild von dir, nein *dich selbst* verdeutlichen soll, wie du dich selbst mir in deinem Geist ins Herz sagst und wie du mir schweigend begegnest im Geschick meines Lebens als der Erfahrung dieser deiner inwendigen Gnade.

Im Nächsten, an den ich mich ohne Rückversicherung wagen muß, in der Treue zum Gewissen, die sich nicht mehr lohnt; in aller Liebe und Freude, die doch nur Verheißung ist und fragt, ob ich den Mut habe, an die *ewige* Liebe und Freude zu glauben; in dem langsamen Ansteigen der dunklen Wasser des Todes in der Grube meines Herzens, in der Finsternis des Todes, der ein Leben lang gestorben wird, in der Alltäglichkeit der schweren Dienste täglicher Bewährung: überall begegnest du mir, allem bist du inwendig, ungenannt oder mit Namen angerufen. Denn in allem suche ich Gott, um der tötenden Nichtigkeit zu entfliehen, und in allem kann ich den Menschen nicht lassen, der ich bin und den ich liebe. Darum bekennt alles dich, den Gott-Menschen. Alles ruft nach dir, in dem als Menschen man Gott schon hat, ohne nochmals den Menschen lassen zu müssen, und in dem als Gott man den Menschen finden kann, ohne fürchten zu müssen, dem bloß Absurden zu begegnen.

Ich rufe dich an. Die letzte Kraft meines Herzens greift nach dir. Laß mich dich finden, dir begegnen in meinem ganzen Leben, damit langsam mir auch verständlich wird, was die Kirche mir von dir sagt. Es gibt nur zwei letzte Worte: Gott und Mensch, *ein* einziges Geheimnis, in das ich mich völlig, hoffend und liebend, ergebe. Dieses Mysterium ist ja in seiner Zwiefalt wahrhaft eines, es ist eins in dir, Jesus Christus. Zu dir sage ich, meine Hand in deine Wunde legend, mit dem zweifelnd fragenden Thomas: „Mein Herr und mein Gott." Amen.

IM HEILIGEN GEIST

Heiliger Geist

Herr Jesus Christus, Sohn des Vaters, Ziel und Weg für uns Menschen alle. Erhöht über alle Himmel, sitzend zur Rechten des Vaters, hast du den Geist der Verheißung ausgegossen über uns, damit du in deinem Geiste bei uns bleibest alle Tage bis ans Ende und durch ihn dein Leben und Sterben in uns fortsetzest zur Ehre des Vaters und zu unserem Heil.

Herr, siehe die Geister, die uns bedrängen, und gib uns die Gabe ihrer Unterscheidung.

Gib uns die Erkenntnis, die sich im Alltag unseres Verlangens nach dir bewährt: wenn wir dich suchen und nach dir verlangen, dann ist der Geist der Ruhe, des Friedens und der Zuversicht, der Freiheit und der schlichten Klarheit dein Geist, und aller Geist der Unruhe und Angst, der Enge und der bleiernen Schwermut ist höchstens unser Geist oder der Ungeist der dunklen Tiefe.

Gib uns den Geist deines Trostes. Herr, wir wissen, daß wir auch in Trostlosigkeit, Dürre, seelischer Ohnmacht dir treu sein sollen, müssen und können. Aber dennoch dürfen wir dich bitten um den Geist des Trostes und der Kraft, der Freude und der Zuversicht, des Wachstums in Glaube, Hoffnung und Liebe, des hochgemuten

Dienstes zum Lobe deines Vaters, um den Geist der Ruhe und des Friedens. Banne aus unseren Herzen geistliche Trostlosigkeit, Finsternis, Verwirrung, Neigung zu niedrigen und irdischen Dingen, Mißtrauen ohne Hoffnung, Lauheit, Traurigkeit und das Gefühl der Verlassenheit, der Zwiespältigkeit und das würgende Gefühl, dir fern zu sein.

Wenn es dir aber gefallen mag, uns auch solche Wege zu führen, dann laß uns, wir bitten dich, in solchen Stunden und Tagen wenigstens den heiligen Geist der Treue, der Festigkeit und Beharrlichkeit, damit wir in blindem Vertrauen den Weg weitergehen, die Richtung behalten, den Vorsätzen treu bleiben, die wir damals gewählt haben, als dein Licht uns leuchtete und deine Freude unser Herz weit machte. Ja, gib uns dann mitten in solcher Verlassenheit lieber noch den Geist des mutigen Angriffs, des trotzigen ‚Erst recht' in Gebet, Selbstprüfung und Buße. Gib uns dann die bedingungslose Zuversicht, daß wir auch in diesen Zeiten der Verlassenheit von deiner Gnade nicht verlassen sind, daß du ungespürt erst recht bei uns bist als die Kraft, die in unserer Ohnmacht siegreich sein will. Gib uns den Geist der getreuen Erinnerung an die Vergangenheit deiner freundlichen Heimsuchungen und den Geist der Ausschau nach den spürbaren Erweisen deiner Liebe, die kommen werden. Laß uns in solchen Stunden der Trostlosigkeit unsere Sündigkeit und Armseligkeit bekennen, unsere Schwäche demütig erfahren und schließlich anerkennen, daß du allein die treue Quelle alles Guten und allen himmlischen Trostes bist.

Wenn dein Trost uns heimsucht, laß ihn beglei-
tet sein vom Geist der Demut und der Bereitschaft, dir auch ungetröstet zu dienen.

Gib uns immer den Geist der Tapferkeit und
der mutigen Entschiedenheit, die Anfechtung und
Versuchung zu erkennen, nicht mir ihr zu dispu-
tieren, keine Kompromisse mit ihr zu schließen,
sondern eindeutig nein zu sagen, weil das die ein-
fachste Kampftaktik ist. Gib uns die Demut, um
Rat zu fragen in dunklen Situationen, ohne fal-
sche Geschwätzigkeit und Selbstbespiegelung
ohne den dummen Stolz, der uns sagt, wir müßten immer allein fertig werden. Gib uns den Geist
himmlischer Weisheit, damit wir die wirkliche Ge-
fahrenstelle unseres Charakters und unseres Lebens erkennen und dort am treuesten wachen und
kämpfen, wo wir am verwundbarsten sind.

Gib uns, Herr, mit einem Wort deinen Geist,
die Früchte des Geistes, die nach dem Apostel
sind: Liebe, Freude, Friede, Geduld, Milde, Güte,
Vertrauen, Sanftmut, Bescheidenheit, Enthaltsam-
keit (Gal 5, 22). Haben wir diesen Geist und seine
Früchte, dann sind wir nicht mehr Knechte des
Gesetzes, sondern freie Kinder Gottes. Dann ruft
der Geist in uns: Abba, lieber Vater. Dann tritt er
für uns ein mit unaussprechlichem Seufzen. Dann
ist er Salbung, Siegel und Angeld des ewigen Lebens. Dann ist er die Quelle des ewigen Wassers,
die im Herzen entspringt und aufspringt ins ewige
Leben und flüstert: Auf, heim zum Vater!

Jesus, sende uns den Geist! Gib deine Pfingst-
gabe, mehr und mehr! Mach unser Geistesauge
hell und das geistige Gespür feinfühlig, daß wir
deinen Geist von allen andern Geistern zu unter-

scheiden vermögen. Gib uns deinen Geist, damit von uns gelte: „Wohnt in euch der Geist dessen, der Jesus von den Toten auferweckt hat, so wird jener auch euern sterblichen Leib auferwecken zum Leben durch seinen Geist, der in euch wohnt" (Röm 8, 11). Herr, laß immerdar Pfingsten sein. Deine Knechte und Mägde bitten in der Kühnheit, die du ihnen befiehlst: Laß auch in uns Pfingsten sein. Jetzt und in Ewigkeit. Amen.

Von Gott befreit

Gott, ewiges Geheimnis unseres Daseins, du hast uns befreit, indem deine eigene Unermeßlichkeit die grenzenlose Weite unseres Lebens geworden ist. Du hast uns geborgen, indem du uns alles außer deiner eigenen Grenzenlosigkeit zu Vorläufigkeiten gemacht hast. Du hast uns unmittelbar zu dir gemacht, indem du uns alle Götzen immer wieder zerstörst in uns und um uns herum, die wir anbeten wollen, an denen wir aber dann selbst versteinern. Weil du allein unser endloses Ende bist, darum haben wir eine unendliche Bewegung der Hoffnung vor uns. Wenn wir wirklich und ganz an dich glaubten als an den, der sich uns gegeben hat, dann wären wir wirklich frei. Du hast uns diesen Sieg verheißen, weil Jesus von Nazareth ihn im Tod errungen hat für sich und seine Brüder, indem er auch im Tod der Verlassenheit nochmals dich als Vater fand. In ihm, Jesus von Nazareth, dem Gekreuzigten und Auferstandenen, sind wir gewiß, daß weder Ideen noch Mächte und Gewalten, weder die Last der Tradition noch die Utopie unserer Zukünfte, weder die Götter der Vernunft noch die Götter unserer eigenen Abgründe, noch überhaupt etwas in uns und um uns uns trennen wird von *der* Liebe, in der der unsagbare Gott in seiner alles umfassenden Freiheit sich selbst uns gegeben hat in Christus Jesus unserem Herrn. Amen.

Gott meines Alltags

Meinen Alltag will ich vor dich tragen, Herr. Die langen Stunden und Tage, die von allem erfüllt sind, nur nicht von dir. Sieh auf diesen Alltag, mein milder Gott, der du dem Menschen barmherzig bist, dem Menschen, der fast nichts ist als Alltag; sieh auf meine Seele, die fast nichts ist als eine Straße, auf der der Troß dieser Welt endlos sich weiterwälzt mit seinen ungezählten Kleinigkeiten, mit seinem Gerede und Getue, seiner Neugier und seinem leeren Wichtigtun. Ist meine Seele vor dir und deiner unbestechlichen Wahrheit nicht wie ein Markt, auf dem von allen Winden die Trödler sich ein Stelldichein geben und den ärmlichen Reichtum dieser Welt verkaufen, wo in ewiger abstumpfender Unruhe ich, die Menschen und die Welt ihre Nichtigkeiten ausbreiten? Die Seele sei gleichsam alles, so habe ich einmal vor vielen Jahren als „Philosoph" in der Schule gelernt. Ach, Gott, wie ganz anders mußte ich nun dieses Wort erleben, als ich damals gedacht und geträumt hatte: meine arme Seele ist wie zu einem riesigen Speicher geworden, in den wahllos „alles" von allen Seiten Tag für Tag eingefahren wird, bis er bis zum Dach mit Alltag gefüllt ist.

Was soll aus mir werden, mein Gott, wenn mein Leben so weitergeht? Wie wird mir sein in der Stunde, da aller Kram des Alltags plötzlich wieder auf einmal aus diesem Speicher hinausgefegt wird, wie wird mir sein in der Stunde meines Todes? Da wird kein Alltag mehr sein, da werde ich plötzlich von allem verlassen sein, was jetzt meine Tage und mein Leben erfüllt. Aber was werde *ich* selbst in dieser Stunde sein, wo ich nur mehr ich selber bin und sonst nichts mehr, was werde ich dann sein, der ich ein Leben lang nur Alltag war, Betrieb also und mit Geschwätz und Getue erfüllte Öde? Wenn einmal die lastende Wucht des Todes aus meinem Leben, aus all den vielen Tagen und langen Jahren unerbittlich ihren wahren Gehalt auspressen wird, was wird dann das Ergebnis sein? Mein Gott, wenn du barmherzig zu mir gewesen bist, dann werden in dieser großen Enttäuschung, die über die große Täuschung meines Alltags kommen wird, ein paar Augenblicke vielleicht der echte Rest eines unechten Lebens sein, ein paar Augenblicke, in die sich die Gnade deiner Liebe in einem Winkel meines vom Alltagströdel erfüllten Lebens eingeschlichen hatte.

Aber wie soll ich diese Not meines Alltags wenden, wie mich wenden zum einen Notwendigen, das du bist? Wie soll ich den Alltag fliehen? Hast nicht *du* mich in diesen Alltag gestoßen? Fand ich mich nicht schon an die Welt verloren und mitten im Alltag, als ich zum ersten Male ahnend begriff, daß mein wahres Leben auf dich hin nicht im Alltag ersticken dürfe? Hast nicht du mich zum Menschen gemacht? Was aber ist der Mensch, als das Wesen, das, sich selber nicht genug, nach deiner Unendlichkeit begehrt und darum deinen fernen Sternen entgegenzulaufen beginnt und so – alle Straßen dieser Welt abläuft und deine Sterne auch am Ende aller dieser Wege immer noch ruhig in der gleichen Ferne leuchten sieht? Und siehe, mein Gott, wenn ich meinen Alltag fliehen wollte, wenn ich gar Kartäuser werden wollte, um nichts mehr tun zu müssen, als in schweigender Anbetung vor deinem heiligen Angesicht zu weilen, wäre ich dann wirklich erhaben über den Alltag? Wenn ich an die Stunden denke, da ich an deinem Altare stehe oder das Stundengebet deiner Kirche spreche, dann weiß ich, daß nicht weltliche Geschäfte meine Tage alltäglich machen, sondern daß ich selber es bin, der ich auch noch die heiligen Geschehnisse in Stunden grauer Alltäglichkeit zu verwandeln vermag. *Ich* mache meine Tage zum Alltag, nicht sie mich.

Darum weiß ich, daß, wenn es überhaupt für mich einen Weg zu dir geben kann, er mitten durch meinen Alltag hindurchführt. Ohne den Alltag zu dir fliehen könnte ich nur, wenn ich auf dieser heiligen Flucht mich selber zurücklassen könnte. Aber führt ein Weg mitten durch den Alltag zu dir? Führt mich ein solcher Weg denn nicht immer weiter von dir weg, immer tiefer hinein in die laute Leere der Geschäftigkeit, in der du, stiller Gott, nicht wohnst? Ich weiß wohl, daß man den Betrieb, der einem Leben und Herz erfüllt,

satt bekommt, daß das taedium vitae, von dem die
Philosophen reden, und die Lebenssattheit, von
der als der letzten Lebenserfahrung deiner Patriar-
chen dein Wort berichtet, auch mehr und mehr
mein Anteil sein wird. Ja, der Alltag wandelt sich
schließlich von selbst in die große Melancholie
des Lebens. Aber erfahren diese nicht auch die
Heiden? Ist man schon bei dir, wenn der Alltag
schließlich sein wahres Gesicht zeigt, wenn er selber bekennt, daß alles Eitelkeit und Geistesplage
ist, wenn ich die Erfahrung deines Predigers mache? Ist der Alltag auf diese einfache Weise der
Weg zu dir? Oder hat er nicht vielmehr dann gerade seinen letzten Sieg errungen, wenn dem aus-
gebrannten Herzen schließlich auch die eigenen
Dinge des Alltags gleichgültig werden, die Dinge,
die sonst dem Menschen so leicht über die Langweile und Öde des Herzens hinweghelfen? Ist ein
müdes und enttäuschtes Herz denn dir näher als
ein frisches und weltfrohes? Wo bist du eigentlich
zu finden, wenn die Lust des Alltags deiner vergessen läßt, und auch die Enttäuschung des Alltags dich noch nicht gefunden hat, ja das so bitter
und krank gewordene Herz noch unfähiger macht,
dich zu finden?

Mein Gott, wenn man dich in allem verlieren
kann, wenn nicht Gebet, noch heilige Feier, noch
Klosterstille, noch die große Enttäuschung an allem von sich aus diese Gefahr ausschließen, dann
gehören auch diese heiligen, nicht-alltäglichen
Dinge immer noch zum Alltag. Ja, dann ist Alltag
nicht ein „Stück" meines Lebens, ist nicht nur das
längste Stück meines Lebens, sondern dann ist
immer Alltag, dann ist „alles" Alltag, weil alles mir

das eine verderben und rauben kann, das not tut, dich, meinen Gott.

Aber, wenn du mir nirgends einen Ort gegeben hast, an den man nur hinflüchten müßte, um dich schon gefunden zu haben, wenn alles der Verlust deiner, des Einen, sein kann, dann muß ich dich auch in allem finden können, weil sonst der Mensch dich überhaupt nicht finden könnte, der Mensch, der ohne dich nicht sein kann. Dann muß ich dich in allem suchen, dann ist alle Tage Alltag und alle Tage *dein* Tag und die Stunde deiner Gnade.

Alles ist Alltag und dein Tag zumal. Mein Gott, ich verstehe so wieder, was ich ja schon lange weiß. In meinem Herzen wird wieder lebendig, was der Verstand mir schon so oft gesagt hat. Aber was nützt die Wahrheit des Verstandes, wenn sie nicht auch das Leben des Herzens ist? – Ich muß immer wieder den kleinen Zettel hervorholen, den ich mir vor vielen Jahren aus Ruysbroek abgeschrieben habe, ihn jetzt wieder lesen, da ihn auch das Herz wieder begreift. Es tröstet mich immer wieder zu lesen, wie dieser innige Mensch sein Leben sich vorstellte; daß ich diese Worte immer noch liebe nach so viel Alltag in meinem Leben, ist mir wie eine Verheißung, daß du auch meinen Alltag einmal segnen willst: „Gott kommt ohne Unterlaß in uns mittelbar und unmittelbar, und fordert von uns Genießen und Wirken und daß eins vom andern nicht gehemmt, sondern stets gekräftigt werde. Und deshalb besitzt der innige Mensch sein Leben in diesen beiden Weisen, nämlich in Ruhen und Wirken. Und in einer jeden ist er ganz und ungeteilt. Denn er ist ganz in Gott, da er genießend ruht, und er ist ganz in sich selbst, da er tätig minnt; und jederzeit wird er von Gott aufgefordert und gemahnt, beides, Ruhen und Wirken, zu erneuern. Also ist der Mensch gerecht und ist auf dem Weg zu Gott mit inniger Liebe und ewigem Wirken; und er geht ein in Gott mittels der genießenden Neigung in ewiger Ruhe. Und er bleibt in Gott und geht dennoch aus zu allen Geschöpfen in alles umfassender Liebe, in Tugenden und Gerechtigkeit. Und das ist die höchste Stufe des innigen Lebens. Alle diejenigen, die nicht Ruhe und Wirken in einer Übung besitzen, haben diese Gerechtigkeit nicht erlangt. Jener Gerechte kann in seiner Einkehr nicht gehemmt werden, denn er kehrt sowohl genießend als tätig ein. Vielmehr gleicht er einem Doppelspiegel, der auf beiden Seiten Bilder aufnimmt. Denn nach dem höchsten Teil seines Geistes empfängt der Mensch Gott samt allen seinen Gaben, und nach dem niedersten Teile nimmt er durch die Sinne körperliche Bilder auf ..."

In *einer* Übung muß ich den Alltag und deinen Tag haben. In der Auskehr in die Welt muß ich einkehren zu dir, in allem dich, den einen, haben. Aber wie wird mein Alltag zu deinem Tag? Mein Gott, nur durch dich! Nur durch dich kann ich in der Vielfalt der Tagesarbeit ein „inniger" Mensch sein. Nur durch dich bin ich in mir bei dir, wenn ich ausgehe, um bei den Dingen zu sein. Nicht die Angst und das Nichts und nicht der Tod befreien mich von der Verlorenheit an die Dinge der Welt, wie die Philosophen heute sagen, sondern nur deine Liebe, die Liebe zu dir, du aller Dinge Ziel und Zug, du Sättigung, dir selbst genug. Deine

Liebe, mein unendlicher Gott, die Liebe zu dir, die durch alle Dinge hindurch, mitten durch ihr Herz hindurch sich über sie hinausschwingt in deine unendlichen Weiten hinein, und alle die verlorenen Dinge noch mitnimmt als den Lobgesang deiner Unendlichkeit. Vor dir wird alle Vielheit eins, alle Ausgegossenheit ist in dir gesammelt, alle Äußerlichkeit wird in deiner ,Liebe noch innig. In deiner Liebe wird alle Auskehr in den Alltag Einkehr in deine Einheit, die das ewige Leben ist.

Aber diese Liebe, die den Alltag – Alltag sein läßt und ihn doch wandelt zu einem Einkehrtag in dich, kannst nur du mir geben. Was habe ich also dir zu sagen in dieser Stunde, da ich mich, den Alltäglichen, vor dein Angesicht bringe? Nur eine Bitte habe ich zu stammeln um deine gewöhnlichste Gabe, die deine höchste ist, um deine Liebe. Rühr mein Herz mit deiner Gnade an. Laß mich, wenn ich nach den Dingen dieser Welt greife in Freude oder in Schmerz, durch sie hindurch dich, ihrer aller ureinen Grund begreifen und lieben. Der du die Liebe bist, gib mir die Liebe, dich, damit alle meine Tage einmal einmünden in den einen Tag deines ewigen Lebens.

Leben aus der Gnade

Herr Jesus Christus, wir beten dich an im Glauben an deinen Tod, der unsere Erlösung ist. Wenn sich aber unser Geist zu dir hintastet, dann sind wir selbst in deinem Geist in dir und du in uns.

Denn du hast deine Hand auf uns gelegt, da wir

getauft wurden. Du hast deinen Geist in unserem Herzen ausgegossen. Du hast unsere Sündigkeit empfangen und überwunden mit deiner Gnade. Du hast die Räume unseres Wesens geweitet, hinein in die unbegreiflichen Unermeßlichkeiten deines Vaters. Wir sind mehr geworden, als wir je ahnen und erfassen können. Wir sind mehr, als unser Alltag und selbst die höchste und die tiefste Erfahrung von uns sagen kann, solange wir wandern in der Finsternis dieser Welt. Wir sind gesalbt mit deinem Geist, geheiligt durch deine Gnade, wiedergeboren zum Leben der wahren Kinder Gottes, teilhaftig der göttlichen Natur, besiegelt für das ewige Leben. Deine Ferne, die Ferne des ewigen Gottes, die Ferne seiner blendenden Wahrheit, seiner strengen Heiligkeit, seiner verzehrenden Liebe und seines unermeßlich strömenden Lebens, ist Nähe geworden. Sie ist uns eigen geworden. Denn wir haben deinen Heiligen Geist. Er ist die Salbung und das Siegel des inneren Menschen. Er ist die Erfüllung aller bodenlosen Abgründe unseres Lebens. Er ist das Leben in uns, durch das wir schon hinter den Tod gekommen sind. Er ist das Glück ohne Grenzen, das die Bäche unserer Tränen in ihren letzten Quellen schon zum Versiegen gebracht hat, auch wenn sie das Flachland unserer Erfahrung noch so sehr überschwemmen. Er ist der uns inwendige Gott, die Heiligkeit des Herzens, sein verborgenes Frohlocken, seine Kraft, die wundersam noch da ist, wo wir am Ende sind mit unserem Witz und unserer eigenen Kraft. Er ist in uns, so daß wir glauben und im Innersten schon wissend wurden, obwohl wir blinde Toren sind. Denn er ist wissend, und er ist unser. Er ist in uns als die Hoffnung, die trägt in allen Abstürzen unserer eigenen Verzweiflung. Er ist in uns als die Liebe, die uns liebt und uns lieben macht, verschwenderisch, frohlockend, obwohl wir kalte, kleine und enge Herzen haben. Er ist in uns die ewige Jugend in der verzweiflungsvollen Vergreisung unserer Zeit und unserer Herzen. Er ist das Lachen, das hinter unserem Weinen schon leise aufklingt. Er ist die Zuversicht, die trägt, die Freiheit, die beschwingte Seligkeit unserer Seele. Wir sind mehr, als wir wissen. Indem wir das bekennen, geben wir dir die Ehre, Herr, verleugnen wir uns und unsere Erfahrung von uns um deines Wortes willen. Wenn wir wirklich erfahren haben, was wir sind, wir Hohle und Leere, Bodenlose und Erbärmliche, dann steht auch diese Erfahrung von unserer Endlichkeit und Sündigkeit noch einmal unter ihrem eigenen Gericht und ist selbst auch nichts anderes als das, was sie uns von uns sagt. Darum glauben wir *deinem* Wort. Was es von uns sagt, ist unsere wahre Wirklichkeit: *die* Wirklichkeit. Es ist die Wahrheit und die Liebe Gottes – noch verborgen, aber gegenwärtig; noch geglaubt, aber schon in Besitz genommen; noch die Qual unserer Hoffnung und der Stachel unendlicher Unruhe, aber auch schon der Trost und die Zuversicht des ewigen Lebens; noch die Kraft unendlicher Bewegung der Zeit, aber schon auch die Ruhe des ewigen Sabbats; noch das Gericht über unsere Sünden, aber auch schon das Wort, das uns freispricht.

Wir knien als die Deinen, Herr, vor deinem Sakrament. Vor dem Sakrament deines Todes, das uns lebendig macht; vor dem Sakrament deines Schweigens, das lauter ruft als alles Geschwätz unseres eigenen Herzens; vor dem Sakrament deines Leibes, der, genommen von dieser Erde, das Unterpfand aller Himmel ist. Indem wir aufblikken zu diesem Leib, bitten wir dich: Lebe in uns, dein Geist erfülle uns. Wir glauben an deine Kraft, die in unserer Schwachheit zum Siege kommt; an dein Erbarmen, das unsere Erbärmlichkeit schon eingefangen hat; an deine Wahrheit, die unsere Lüge schon besiegt hat; an deine Freiheit, die unsere Enge schon geöffnet hat. Lebe in uns. Laß uns fröhliche Täter deiner Gebote sein in deinem Geist, der kein Gesetz mehr braucht. Laß uns auch wider alle Hoffnung tapfer hoffen auf den Segen selbst dieser Erde. Denn dein Geist vermag auch das Antlitz dieser Erde zu erneuern. Auch sie, nicht nur der Himmel, soll voll von deiner Ehre sein. Auch der Besiegte im Kampf um die heile Welt trägt nur dann die Palme deines Lebens, wenn er für eben diese Welt bis zum Ende tapfer stritt. Wir wissen nicht, wen unter allen, die ferne scheinen, deine Gnade schon begnadigt und verwandelt hat, wir fühlen uns nicht besser als die, die meinen, sie tappten noch in der Finsternis, als die, deren Taten und darum deren Herzen wenigstens dem Augenschein nach deinem Gebote widersprechen. Aber darum bleibt das letzte Wort, das wir von uns sagen dürfen und wollen, doch nicht unser Wort, sondern dein Wort, das Wort deiner Gnade. Darum bleibt der Geist, zu dem wir uns bekennen, doch dein heiliger Geist. Wir sind Begnadigte jetzt und mit deiner Gnade in Ewigkeit. Amen.

Gebet um die Hoffnung

Wir bitten dich, Gott der Gnade und des ewigen Lebens: mehre in uns, stärke in uns die Hoffnung, schenk uns diese Tugend der Starken, diese Kraft der Zuversichtlichen, diesen Mut der Unerschütterlichen. Laß uns immer Sehnsucht haben nach dir, der unendlichen Erfüllung des Wesens, laß uns immer auf dich bauen und deine Treue, laß uns immer unverzagt uns halten an deine Macht, – laß uns so gesinnt sein und wirke du durch deinen Heiligen Geist diese Gesinnung in uns, dann, unser Herr und Gott, haben wir die Tugend der Hoffnung. Dann können wir mutig immer wieder die Aufgabe unseres Lebens anpacken, dann lebt in uns die fröhliche Zuversicht, nicht umsonst zu arbeiten, dann tun wir unser Werk und wissen, daß du der Allmächtige in uns und durch uns und ohne uns, wo unsere Kräfte versagen, deine Ehre und unser Heil wirkst nach deinem Wohlgefallen. Stärke in uns deine Hoffnung.

Die Hoffnung der Herrlichkeit aber, ewiger Gott, ist dein eingeborener Sohn. Er ist der, der dein unendliches Wesen besitzt von Ewigkeit zu Ewigkeit, weil du es ihm geschenkt hast und immer schenkst, in ewiger Zeugung, er besitzt alles also, was wir erhoffen und ersehnen, er ist die Weisheit und die Macht, die Schönheit und die Güte, das Leben und die Herrlichkeit, er ist alles in allem. Und ER, dieser dein Sohn, dem du alles gegeben hast, er ist unser geworden. Er ist Mensch geworden. Dein ewiges Wort, Gott der Herrlichkeit, ist Fleisch geworden, ist geworden wie einer aus uns, er hat sich erniedrigt und Menschengestalt angenommen, einen menschlichen Leib, eine menschliche Seele, ein menschliches Leben, ein menschliches Schicksal bis in seine fürchterlichsten Möglichkeiten.

Dein Sohn, heiliger Vater, ist wahrhaft Mensch geworden. Anbetend beugen wir das Knie. Denn wer mag ermessen diese Unbegreiflichkeit deiner Liebe; so sehr hast du die Welt geliebt, daß die Menschen Ärgernis nehmen an deiner Liebe und das Wort von der Menschwerdung deines Sohnes Torheit und Irrsinn nennen. Wir aber glauben an die Unbegreiflichkeit, an die vernichtende Kühnheit deiner Liebe. Und weil wir glauben, können wir in seliger Hoffnung aufjubeln: Christus in uns ist die Hoffnung der Herrlichkeit. Denn wenn Du uns deinen Sohn schenkst, was könnte dann noch sein, was du etwa zurückbehalten hättest, was könnte sein, das du uns verweigertest? Wenn wir deinen Sohn, dem du alles, dein eigenes Wesen gegeben, besitzen, was könnte uns da noch fehlen? Und er ist wirklich unser. Denn er ist der Sohn Marias, die in Adam unsere Schwester ist, er ist ein Kind der Familie Adams, er ist eines Geschlechtes mit uns, er ist eines Wesens und eines Ursprungs mit den Menschen. Und wenn wir Menschen alle in Deinen Plänen und nach deinem Schöpferwillen eine große Geschlechts- und Schicksalsgemeinschaft bilden sollen und wenn dein eigener Sohn zu dieser einen großen Geschlechts- und Schicksalsgemeinschaft gehört, dann teilen eben wir, wir arme Kinder Evas, das Geschlecht und das Geschick deines eigenen Sohnes. Wir sind Brüder des Erstgeborenen, des

Einziggeborenen, Brüder deines Sohnes, Miterben an seiner Herrlichkeit. Wir nehmen teil an seiner Gnade, teil an seinem Geist, teil an seinem Leben, teil an seinem Schicksal durch Kreuz und Herrlichkeit, teil an seiner ewigen Glorie. Nicht mehr *wir* leben unser Leben, sondern Christus, unser Bruder, lebt in uns und durch uns sein Leben. Siehe, Vater Jesu Christi und unser Vater, wir sind bereit, am Leben deines Sohnes teilzunehmen. Verfüge du über unser Leben, mache es gleichgestaltet dem Leben deines Sohnes. Er will sein eigenes Leben in uns weiterführen bis zum Ende der Zeiten, er will in uns und in unserem Leben die Herrlichkeit, die Größe, die Schönheit und die Segenskraft seines Lebens offenbaren. Was uns im Leben begegnet, ist nicht Zufall, ist nicht blindes Geschick, sondern ist ein Stück des Lebens deines Sohnes. Die Freude wollen wir aufnehmen als Freude Christi, Erfolg als seinen Erfolg, Schmerz als seinen Schmerz, Leid als sein Leid, Arbeit als seine Arbeit, Tod als Teilnahme an seinem Sterben.

In einem Stück bitten wir besonders um deine Gnade, Anteil zu haben am Leben Jesu: Laß uns teilnehmen an Jesus dem Beter. Er ist der große Anbeter Gottes im Geist und in der Wahrheit, er ist der Mittler, durch den allein unser Gebet vordringen kann zum Thron der Gnade. In ihm wollen wir beten, vereint mit seinem Beten. Er, mit dem wir eins sind in seinem Geist, er lehre uns beten. Er lehre uns beten, wie er selbst gebetet hat: allzeit zu beten und nicht nachzulassen, beharrlich zu beten, vertrauensvoll, demütig, im

Geist und in der Wahrheit, in wahrer Liebe zum Nächsten, ohne die kein Gebet vor dir wohlgefällig ist. Er lehre uns um das zu beten, wofür er gebetet hat: daß dein Name geheiligt werde, daß dein Wille geschehe, dein Reich zu uns komme, denn wenn wir so zuerst um deine Ehre beten, wirst du uns auch hören, wenn wir für uns, unsere irdische Wohlfahrt und irdischen Sorgen beten. Gib uns den Geist des Gebetes, der Sammlung und der Gottvereinigung. Herr nimm mein armes Herz an. Es ist oft so fern von dir. Es ist wie wasserloses, dürres Land, verloren an die tausend Dinge und Nichtigkeiten, die meinen Alltag füllen. Herr, nur du kannst mein Herz auf dich hin sammeln, der du doch der Mittelpunkt aller Herzen, der Herr aller Seelen bist. Nur du kannst den Geist des Gebetes verleihen, nur deine Gnade vermag mir zu geben, daß ich durch alle Vielfalt der Dinge, durch alle Zerstreuung des Alltags hindurch dich finde, das eine Notwendige, das eine, in dem mein Herz ruhig werden kann. Dein Geist komme meiner Schwachheit zu Hilfe, und wenn wir nicht wissen, um was wir bitten sollen, dann trete er mit unaussprechlichem Flehen für uns ein, und du, der du die Herzen kennst, hörst, was dein Geist in uns begehrt, der für uns eintritt.

Endlich aber bitte ich dich um das Schwerste und Härteste: um die Gnade, in allem Leid meines Lebens das Kreuz Deines Sohnes zu erkennen, in ihm deinen heiligen unerforschlichen Willen anzubeten, deinem Sohn auf seinem Kreuzweg nachzufolgen, solange es dir gefallen mag. Laß mich feinfühlig werden für deine Ehre und nicht bloß für mein Wohlbefinden, dann werde ich manches Kreuz auch tragen können als Sühne für meine Sünden. Laß mich im Leid nicht bitter werden, sondern reif, geduldig, selbstlos, milde und voll Sehnsucht nach jenem Land, in dem kein Leid wohnt und nach jenem Tag, wo du jede Träne abwischen wirst von den Augen derer, die dich geliebt haben und im Schmerz an deine Liebe und in der Nacht an dein Licht geglaubt haben. Laß mein Leid ein Bekenntnis meines Glaubens sein an deine Verheißungen, ein Bekenntnis meiner Hoffnung auf deine Güte und Treue, ein Bekenntnis meiner Liebe, daß ich dich mehr liebe als mich selbst, daß ich dich um deinetwillen auch liebe ohne Lohn.

Das Kreuz meines Herrn sei mir Vorbild, sei meine Kraft, sei mein Trost, sei die Lösung aller dunklen Fragen, das Licht aller Nächte. Gib, daß wir uns rühmen im Kreuze unseres Herrn Jesus Christus, gib, daß wir so reif im wahren christlichen Sein und Leben werden, daß wir das Kreuz nicht mehr als Unglück und unverständlichen Widersinn betrachten, sondern als Zeichen deiner Auserwählung, als das geheime sichere Zeichen, daß wir dein sind in Ewigkeit. Denn getreu ist das Wort, wenn wir mit ihm sterben, so werden wir auch mit ihm leben, harren wir mit ihm aus, so werden wir auch mit ihm herrschen. Vater, wir wollen alles mit deinem Sohn teilen, sein Leben, seine Gottesherrlichkeit, und darum auch seinen Schmerz und seinen Tod. Gib du nur mit dem Kreuz auch die Kraft, es zu tragen, laß du im Kreuz uns auch seinen Segen erfahren, gib du uns das Kreuz, von dem deine Weisheit weiß, daß es uns zum Heile und nicht zum Verderben ist.

Sohn des Vaters, Christus, der in uns lebt, du bist die Hoffnung unserer Herrlichkeit. Lebe du in uns, unterwirf unser Leben den Gesetzen deines Lebens, mach unser Leben deinem Leben gleich. Lebe du in mir, bete du in mir, leide du in mir, mehr verlange ich nicht. Denn wenn ich dich habe, bin ich reich; wer dich gefunden hat, hat die Kraft und den Sieg seines Lebens gefunden. Amen.

Gott meiner Sendung

Du bist, Vater, der Gott der freien Gnade. Du erbarmst dich, wessen du willst, wo und wann es dir gefällt. Wenn es eine freie Huld ist, daß du die Menschen in dein eigenes Leben hinein berufst, dann, das verstehe ich wohl, ist diese Berufung nicht Gabe, die jedem Menschen schon gleichsam mit seinem Wesen mitgegeben wäre, dann kann dich der Mensch nur dort finden, wo du dich finden lassen willst, dann muß eben – zum Zeugnis, daß dein Heil deine freie Gnade ist – für jeden Menschen der Weg des Heils hinein in deine Unendlichkeit, die überall ist, doch den „Umweg" machen über jenen bestimmten Menschen, der geboren wurde unter Kaiser Augustus in Palästina und der starb unter dem Landpfleger Pontius Pilatus, den „Umweg" über deinen Sohn, der Mensch wurde. In seinem Hier und Jetzt, nicht im Immer und Überall des schweifenden Geistes, ist uns deine Gnade zuteil geworden. Dein Heiliger Geist weht, wo er will – wo *er* will, nicht, wo ich will, er ist nicht einfach immer schon da, wo ein Mensch ihn haben will. *Wir* müssen dorthin gehen, wo er seine Gnade geben will. Darum ist dein Heil an deine sichtbare Kirche geknüpft, darum kommt uns deine Gnade zu in sichtbaren Zeichen. Herr, das weiß ich recht wohl. Und ich bin froh über diese Eigenart deiner Gnade. Es tröstet mich, zu wissen, daß ich dir nicht bloß im „Geiste" nahen kann – der reine Geist, von dem die Philosophen reden, wenn sie Religionen zu stiften beginnen, ist mir immer wie ein Gespenst erschienen –, sondern daß ich im sichtbaren Zeichen, im Wasser der Taufe, im Vergebungswort des Priesters, im heiligen Brot der Altäre deiner Kraft und deiner Gegenwart in meinem Leben gewiß werde. Ich für meinen Teil begehre keine Religion des reinen Geistes und der reinen Innerlichkeit. Sie wäre ja im Grunde doch nur die Religion bloßer Menschlichkeit, in der man nur seinen Geist und sein eigenes ärmliches Innere, nur sich selber vernimmt statt deines freien Wortes, das uns mehr von dir offenbart, als was dein Finger auf die engen Blätter deiner Schöpfung schreiben konnte.

Aber, mein Gott, etwas ist durch dieses Wesen deiner Verehrung in mein Leben hineingekommen, und das legt sich manchmal schwer auf meine Seele. Du hast mich zu deinem Priester gemacht, hast mich so zum irdischen Zeichen deiner Gnade für andere erwählt. In meine Hände hast du deine Gnade, und in meinen Mund deine Wahrheit gelegt. Daß die Menschen dich erkennen, wenn du ihnen in deinem eingeborenen Sohn, im keuschen Wasser der Taufe, in der stillen Gestalt des Brotes, im Wort der Schrift voll

Einfalt und göttlicher Tiefe begegnest, das will mich nicht wundern. Aber daß du auch durch mich in dein Eigentum von Menschenherzen kommen willst – mein Gott, wie sollen da dich die Menschen erkennen, dich in mir? Ja, selbst alles andere, durch das du, ewiger Wanderer durch deine Welt, die Menschen auf ihren Wegen grüßen willst mit dem Gruß deiner Liebe, auch all dies andere hast du *mir* mitgegeben: dein Wort, deine Wahrheit und dein Sakrament, so daß selbst all das andere nur den Weg ins innerste Geheimnis der freien Seelen findet, wenn sie auch *mich* aufnehmen, mein Gott, mich in Kauf nehmen.

Können denn die Menschen dich in mir erkennen oder wenigstens fassen, daß du mich gesandt hast als den Boten deiner Wahrheit, als den Lastträger deines Erbarmens? Wenn diese Frage in mir aufsteht, dann will deine Frohbotschaft für meine Brüder eine Zentnerlast für mich, den Boten, werden.

Wohl weiß ich: du hast mich gesandt, dein Bote bin ich, ein erbärmlicher vielleicht, aber immerhin dein Bote, von dir gesandt und gesiegelt mit einem unverlierbaren Siegel. Deine Wahrheit wird nicht falsch, wenn *ich* sie künde, ich sündiger Mensch, von dem auch gilt: omnis homo mendax. Deine Gnade bleibt lauter, auch wenn meine Hände sie spenden. Dein Evangelium bleibt eine Frohbotschaft, auch wenn man deinem Boten nicht anmerkt, daß seine Seele aufjauchzt in Gott ihrem Heiland. Dein Licht erleuchtet und macht unsere Finsternis und die Todesschatten unserer Erde zum Tag deiner Gnade, auch wenn dieses Licht durch die trüben Scheiben meiner kleinen

Laterne seinen Weg suchen muß. Ich weiß, Herr, ich, der Priester deiner wahren Kirche, darf mein Sendungsbewußtsein, den Mut, deine Botschaft gelegen oder ungelegen zu verkünden, nicht abhängig machen von dem Bewußtsein meiner persönlichen Werte. Dein Priester kommt zu den Menschen nicht als ein „Erwecker", nicht als „Gottesfreund", als Weiser, als Staretz, als Pneumatiker und wie alle die heißen, die den Menschen nur das von dir mitteilen können, was sie selber haben. Ich komme als dein *Bote,* gesandt von deinem Sohne, unserm Herrn. Und das ist zugleich weniger und mehr, tausendmal mehr als alles andere.

Aber, o Gott meiner Sendung, wenn ich deine Botschaft ausrichten könnte, schlecht und recht, bis eben dein Auftrag besorgt ist, und wenn ich dann mein Leben für mich leben könnte, ja dann wäre deine Last nicht schwerer als die eines anderen Boten und Amtsverwalters, der seinen Dienst macht. Aber *dein* Auftrag, deine Sendung ist selbst zu meinem eigenen Leben geworden, sie zieht alle Kräfte meines Lebens rücksichtslos in sich hinein, sie will leben von meinem Leben. Nur dadurch lebe ich mein Leben, mein eigenstes persönliches Leben, daß ich deine Botschaft weitertrage. Ich bin dein Bote, sonst nichts mehr. Dein Licht – verzeih mir – brennt mit dem Öl meines Lebens. In deinem Dienst gibt es keine Dienststunden, nach denen man wieder sein eigener Herr, „Privatmann", sein könnte. Ehre und Gnade ist es, dir dienen zu dürfen mit all seinen Kräften. Ich muß dir Dank sagen, daß du mein Leben zu deinem Dienst gemacht hast, daß ich keinen andern „Beruf" habe, als dir die Botschaft deines Heils weiterzutragen,

daß in meinem Leben Beruf und Liebe restlos zu-
sammenfallen dürfen. Und doch ist diese Gnade
auch die schwere Last meines Lebens. Könnte
man doch auch in deinem Dienst Amt und Leben
trennen! Wieviel leichter hätte ich es. Nicht als ob
ich dir nur ein paar Stunden am Tag dienen
wollte, nicht als ob ich den Menschen meine religiösen Erlebnisse, meine Ergriffenheit oder meine
Einfälle mitteilen wollte oder müßte. Im Gegenteil: dein Bote will ich sein, deine Wahrheit und
deine Gnade habe ich weiterzugeben, und sonst
nichts. Aber gerade weil ich nur das will und soll,
wünschte ich manchmal, man könnte Amt und
mein Leben besser trennen. Aber kann man deine
Wahrheit weitersagen, ohne sie ergriffen zu haben
und von dir ergriffen zu sein, kann ich deine Botschaft künden, ohne daß sie mich selber ins Herz
getroffen hat, dein Leben weiterzeugen, ohne selber lebendig zu sein? Deine heiligen Zeichen wirken deine Gnade aus ihrer Kraft, aber lassen sich
die Menschen von *mir* mit ihnen bezeichnen,
wenn ihnen nicht schon mein Antlitz das Zeichen
deiner Sendung ist? Dein Amt und mein Leben
lassen sich nicht scheiden.

Aber das gerade ist die Last meines Lebens.
Denn siehe: selbst wenn ich deine lautere Wahrheit künde, predige ich auch immer zugleich
meine Enge, meine Mittelmäßigkeit, mich, den
Durchschnittsmenschen. Wie soll ich die Menschen dazu bringen, daß sie das schreckliche Gemisch von dir und mir, das man meine Predigt
nennt, scheiden, dein Wort ins Herz aufnehmen
und mich, den Prediger, vergessen. Ich will dein
Licht weitertragen, ich muß es nähren mit dem Öl

meines Lebens – und stelle mich, wenn es die
Menschen sehen wollen, davor, daß es zu nichts
zu taugen scheint, als die Schatten in dieser dunklen Welt noch dunkler und länger zu machen. Ich
verstehe, daß ich am Ende meines Priesterlebens
nur dein unnützer Knecht gewesen sein werde,
dein Bote, den du voraussandtest, damit er deinem Kommen im Wege stehe. Was an Gnade von
mir ausgeht, ist deine Gnade, und was von *mir*
ausgeht, ist nichts, ein Hindernis und bestenfalls
dein Mittel, durch das du die Menschen prüfst, ob
der Instinkt ihrer Liebe zu dir dich auch erkennt,
wenn du dich durch mich fast bis zur Unkennt-
lichkeit verkleidest.

Gott meiner Sendung, wenn ich das bedenke,
dann muß ich dir gestehen, daß ich nicht zu deinen siegesmutigen und selbstsicheren Aposteln
zu gehören vermag, sondern immer mit Furcht
und Zittern mich auf den Wege mache. Ich will
diese fröhlich Sicheren unter deinen Knechten,
meinen Brüdern nicht tadeln, jene, denen man
gleich das Bewußtsein ansieht, daß sie im Namen
des Herrn der Heerscharen kommen, und die sich
dann wundern, wenn man in ihnen nicht gleich
den Gesandten des Allmächtigen erkennt. Mir
aber gib lieber, daß ich zu deinen demütigen Boten gehöre, die sich, dankbar deiner Gnade, die in
der Schwachheit mächtig ist, wundern, wenn sie
von den Menschen aufgenommen werden. Laß
mein Herz immer wieder lieber dankbar erzittern
über das Wunder, daß mir immer wieder Menschen begegnen, die mich armen Sünder in die
verborgene Kammer ihres Herzens einlassen, weil
sie dich selbst in mir noch zu erkennen vermögen.

So will ich mich gern immer aufs neue aufmachen zu den Menschen. Du hast mich gesandt, so geh ich denn in deinem Namen, nicht in meinem. Laß deine Kraft in meiner Schwachheit siegreich sein, wenn immer es dir gefällt.

Wenn ich mit deiner Botschaft den Weg meines Lebens gehe, dann wird es mir ergehen wie einst deinem Propheten: Betört von Jahwe, verlacht von den Menschen, ein Mann des Haders für alle Welt. Dann muß ich reden – und weh mir, wenn ich nicht predige –, reden von dir, den man durch Schweigen ehren sollte, reden mit dem quälenden Gefühl, tönendes Erz und klingende Schelle zu sein. Denn wer kann wirklich sicher wissen, ob er die Liebe hat, ohne die alles andere nichts ist als leerer Schall. Dann werde ich auf dein Wort hin und unter dem Gelächter der Welt den Umzug um das Jericho der Seelen halten, bis – du seine Mauern umstürzest, damit sich kein Mensch rühmen könne vor dir. Aber so gerade wird sich meine Sendung erfüllen, gerade so wird sie gleichgestaltet der Sendung deines Sohnes, meines gekreuzigten Meisters. Gott meiner Sendung, sei dafür gepriesen in Ewigkeit.

Gib mir nur die Gnade, daß ich, die arme Hülle, unter der du als verborgener Gott zu den Menschen kommen willst, von Sünde und Selbstsucht täglich mehr befreit werde. Auch dann bleibe ich, was ich sein muß, deine Verhüllung und dein unnützer Knecht. Aber ich werde dann wenigstens deinem Sohne immer ähnlicher, der ja das ewige Licht seiner Gottheit auch verhüllen mußte unter Knechtsgestalt und in seinem Gewand erfunden wurde wie ein Mensch. Wenn ich so deine Last, die Last deiner Sendung trage, wenn dein Auftrag mich drückt, deine Würde mich demütigt, und meine Schwachheit in die deines Sohnes aufgenommen wird, dann darf ich vertrauen, daß das Hindernis, das ich für dein Kommen bin, meinen Brüdern doch zum Segen· ist. Dann wird meine Knechtsgestalt von dir – von dir allein –, mir und andern unsichtbar gleichsam gewandelt zur sakramentalen Gestalt, unter deren Armut du das Brot des Lebens für meine Brüder bist. Mein Leben wird verzehrt, der Hostie gleich, damit sie in dir leben und du in ihnen ewiglich.

Gott meiner Brüder

Du hast mich zu Menschen gesandt. Du hast die schweren Lasten deiner Vollmachten und deiner Gnadenkräfte auf meine Schultern geladen und mich gehen geheißen in strengem, fast barschem Wort, mich fortgeschickt von dir, weg zu deinen Geschöpfen, die du retten willst, zu den Menschen. Freilich habe ich mich schon immer unter ihnen herumgetrieben, auch bevor dein weihendes Sendungswort mich traf. Ich liebte es, zu lieben und geliebt zu werden, gut Freund zu sein und gute Freunde zu haben. So bei den Menschen zu sein ist ein leichtes und angenehmes Ding. Man geht ja nur zu denen, die man sich selbst gewählt hat, und bleibt so lange, als es einem gefällt. Nun aber ist es anders gekommen: die Menschen, zu denen ich gesandt bin, hast *du* ausgewählt, nicht ich. Nicht ihr Freund muß ich sein, sondern ihr Knecht. Und wenn ich ihrer überdrüssig werde, ist das kein Zeichen zum Aufbruch mehr, wie früher, sondern dein Befehlswort, zu bleiben.

O Gott, diese Menschen, zu denen du mich von dir fortgejagt hast! Meistens nehmen sie mich, deinen Boten, gar nicht auf, und wollen deine Gaben, deine Gnade und deine Wahrheit gar nicht, mit denen du mich zu ihnen gesandt hast. Und doch muß ich wie ein aufdringlicher Hausierer auch an ihren Türen immer wieder anklopfen. Wenn ich nur wüßte, daß sie wirklich *dich* abweisen wollen, wenn sie *mich* nicht aufnehmen. Das wäre mir ein Trost. Aber vielleicht würde auch ich ruhig und selbstverständlich die Türe in das Haus meines Lebens geschlossen halten, klopfte einer wie ich daran, mit der Behauptung, er sei von dir gesandt. Und erst die, so mich einlassen in das Haus ihres Lebens! Ach, sie wollen gewöhnlich alles andere mehr, als was ich ihnen von *dir* bringen soll. Sie wollen mir ihre ärmlichen, kleinen Sorgen erzählen, sie wollen mir ihr Herz ausschütten, und, mein Gott, was ist dann das, was da ausgeschüttet wird: ein schreckliches Gemisch von Rührendem und Lächerlichem, von kleiner Wahrheit und großer Lüge, von kleinen Schmerzen, die wichtig genommen, und großen Sünden, die entschuldigt werden. Und was wollen dann die Menschen von mir haben? Wenn es nicht gerade Geld, irdische Hilfe oder der kleine Trost eines mitfühlenden Menschenherzens ist, was sie bei mir suchen, dann betrachten sie mich meistens so wie einen Versicherungsagenten, mit dem sie eine himmlische Lebensversicherung abschließen wollen, damit du nicht mehr der Allgewalt deiner Heiligkeit und Gerechtigkeit in ihr Leben einbrechen und sie aus ihrer kleinen Alltagssorge und ihrem engen Sonntagsvergnügen aufscheuchen könnest, sondern sie für dieses und das andere Leben beruhigt sein können.

Wie selten spricht einer: Herr, was willst du, daß ich tue? Wie selten will jemand wirklich ganz und ohne Abstriche die erstaunliche Botschaft hören, daß man dich leidenschaftlich lieben müsse, dich, nicht bloß sich, dich um deinetwillen, nicht bloß um seinetwillen, lieben, nicht bloß respektieren und sich vor deinem Gericht in acht nehmen. Wie selten will jemand das Geschenk deiner Gnade so entgegennehmen, wie sie wirklich ist: herb und klar, zu deiner Ehre, nicht bloß zu unserem Trost, keusch und lauter, schweigsam und kühn.

Zu solchen Menschen hast du mich gesandt. Und ich kann nicht fliehen. Wenn ich sie so finde, wie ich es dir gesagt, dann ist dies kein Signal zur Flucht aus dem Land des Allzumenschlichen, sondern das Zeichen, daß ich den Acker samt seinen Steinen und Dornhecken und hargetretenen Wegen gefunden habe, auf den du, unbegreiflicher und verschwenderischer Gott, den Samen deiner Wahrheit und deiner Gnade von mir ausgestreut wissen willst. Und dann soll ich zusehen, wie er auf Straßen und Fels und in Dorngestrüpp fällt, gefressen wird von den Vögeln des Himmels: unfruchtbar. Ja selbst dort, wo er scheinbar auf gutes Erdreich fällt, scheint er sich beim Aufgehen geheimnisvoll wieder zu verwandeln in das, wohinein er gesät wurde: in kleine Menschlichkeit. Die wirkliche Frucht, die er bringt, dreißig-, sechzig-, hundertfach, scheinst nur du allein zu sehen. Wenn ich sie zu sehen vermeine, muß ich noch zweifeln: denn hast du nicht selber gesagt, niemand von uns wisse, wer deines Reiches wirklich würdig ist?

Wenn ich dir so klage, klage über die andern, zu denen du mich gesandt hast, dann will ich nicht sagen, daß ich besser sei als meine Brüder. Ich kenne mein Herz – und du kennst es noch besser –, es ist nicht anders als das der Menschen, zu denen ich in deinem Auftrag komme. Und wenn ich dir über die Schwere deiner Sendung klage, dann weiß ich, daß ich gerade so wie die werde, über die ich klage: ein kleiner Mensch, der getröstet sein will, der immer an seine Schmerzen denkt, der nicht eine Stunde schweigend über die Größe deines selbstlosen Dienstes der eigenen Kümmernisse und der eigenen Behaglichkeit vergessen kann. Aber gerade darum: Habe ich nicht an mir selbst genug zu tragen? Ist mein Herz nicht schon allein ärmlich und schwach genug, daß auch noch andere ihr Herz von gleicher Art in meines hinein ausschütten müssen?

Oder gesundet mein Herz von seiner eigenen Armseligkeit, wenn es sich ohne Klagen gerade dazu hergibt in Geduld und Schweigen, wenn es tapfer standhält im Dienst der Brüder und so in dieser Welt zum Zeugnis dafür wird, daß *dein* Herz größer ist als unseres, daß du langmütig und geduldig bist, und dein Erbarmen uns nicht verachtet, und deine Liebe nicht überwunden wird von unserer Erbärmlichkeit? Habe ich für mich am besten gesorgt, wenn ich auf mich in der selbstlosen Sorge für andere vergesse? Wird mein Herz leicht, wenn es die Last anderer trägt, schweigend und geduldig Tag für Tag? Wenn deine Sendung, dein Erbarmen mit mir war – und wie könnte ich daran zweifeln? –, dann muß es so sein. Dann willst du, daß ich dadurch meine Seele in Geduld besitze, daß ich in Geduld die meiner Brüder trage.

Aber siehe, mein Gott, wenn ich mit deiner Wahrheit und deiner Gnade – gleichsam wie auf einem Versehgang – zu den Menschen gehe, an der Türe ihres inwendigen Menschen anklopfe und wenn man mich dann einläßt, dann führen sie mich gewöhnlich doch nur in die Stuben, in denen sie ihr Alltagsleben leben: sie erzählen von sich und ihren irdischen Geschäften, zeigen ihren irdischen Hausrat, sie reden viel, um vom Eigentlichen zu schweigen, um sich und mich vergessen zu machen, wozu ich eigentlich gekommen bin: dich, meinen Gott, wie das Allerheiligste in jene innerste Kammer ihres Herzens hineinzutragen, wo ihr Ewiges zum Tode krank ist, wo ein Altar für dich aufgerichtet sein müßte, auf dem die Lichter des Glaubens, der Hoffnung und der Liebe brennen. Statt dessen empfangen sie mich in den Stuben ihres Alltags. In diese finde ich leicht eine Türe. Aber vergeblich suche ich ein Tor dorthin, wo in den letzten Tiefen eines Menschen sein ewiges Geschick entschieden wird. Es scheint mir manchmal fast, daß es Menschen gibt, die so „äußerlich" ihr eigenes Leben leben, daß sie auch selbst noch nie den Weg und die Türe dorthin gefunden haben, wo jeder Mensch krank ist zum Tode oder zum – Leben. Wie soll *ich* da den Weg finden? Oder gibt es für mich gar keinen solchen

Weg? Bin ich nur so ein Bote, der eben am „Eingang für Lieferanten" deine Botschaft und deine Gabe abgibt, ohne jemals in die innerste „Burg" einer fremden Seele eintreten zu dürfen, um dort dafür zu sorgen, daß deine Botschaft und deine Gabe wirklich ewiges Leben dieses Menschen durch seine freie Liebe werde? Willst du bei dieser einzigen entscheidenden Tat eines Menschen ganz allein mit ihm in seinem innersten Herzen sein und handeln? Ist meine Seelsorge zu Ende, wenn ich „meine Pflicht" getan, meinen Auftrag ausgerichtet habe? Soll und kann ich dich gar nicht in die letzte Tiefe eines anderen Menschen hineintragen, weil du ja immer schon dort bist, du, der alles erfüllt, in dem jeder lebt und west, der du immer schon dort bist zu jedes Menschen Heil oder Gericht?

Aber wenn du mir geboten hast, für die Seelen selbst zu sorgen und nicht bloß „meine Pflicht" zu besorgen, dann muß meine Sorge in jene verborgenste Kammer des andern Menschen, in seine innerste Mitte, in sein „Seelenfünklein" eintreten können. Und wenn du allein eigentlich dorthin den Weg gefunden hast, du in deiner Gnade, deren milder Allgewalt sich kein Herz verschließt, wenn sie sich eines Menschen erbarmen will, dann weiß ich, daß du allein der Weg und die Türe bist, durch die ich zur Seele meines Bruders finde. Ich muß mich zu *dir* hinfinden, immer tiefer in *dich* hinein, soll ich nicht bloß ein mehr oder weniger gern gesehener und gelittener Gast im Alltag der andern Menschen sein, soll ich dort eintreten dürfen, wo dein ewiges Licht oder die ewige Finsternis im Menschen wohnt. Denn du bist noch zuinnerst der innersten Unbezüglichkeit und letzten Verschlossenheit jedes Menschen in sich. Du trägst sie in deiner unerforschlichen Liebe und Allmacht, denen auch noch das Königtum der Freiheit eines jeden Menschen untertan ist. Und darum ist nur der sorgend bei den Seelen, der bei dir ist, du König aller Herzen.

So hast du mich also doch nicht von dir fortgeschickt, als du mir den Auftrag gabst, zu den Menschen zu gehen, sondern durch solchen Auftrag nur aufs neue geboten, was dein einziges Gebot ist: mich in Liebe zu *dir* heimzufinden. Alle Seelsorge ist in ihrem letzten wahren Wesen nur in dir möglich, in deiner Liebe, die mich mit dir verbindet und so mich auch dorthin mitnimmt, wohin du allein noch einen Weg findest, zu den Herzen der Menschen. Dich finde ich in der Liebe und in dem, was wahrer Liebe zu dir Leben ist: im Gebet. Hätte ich mehr gebetet, wäre ich den Seelen näher. Denn Gebet, das nicht bloß um deine Gaben bettelt, sondern mich selbst in dich hineinliebt, ist nicht bloß so eine begleitende Hilfe der Seelsorge, sondern ihre erste und letzte Tat selbst. Herr, lehre mich beten und dich lieben. Dann werde ich meine eigene Armseligkeit über dir vergessen, weil ich dann das vermag, was sie vergessen läßt: meiner Brüder Armut in Geduld in deinen Reichtum hineintragen. Dann werde ich in dir, du Gott meiner Brüder, den Menschen wirklich ein Bruder sein können, einer, der ihnen helfen kann im einzigen, das not tut: dich zu finden.

Elend der Sünde

Wieder trete ich vor dich, mein Gott, der du der Heilige und Gerechte, der Wahre und Treue, der Lautere und der Gute bist. Wenn ich vor dich komme, muß ich wie Moses vor dir hinfallen und wie Petrus ausrufen: Geh weg von mir, denn ich bin ein sündiger Mensch. Ich weiß, daß ich dir eigentlich nur eines sagen kann: daß du dich meiner erbarmst. Ich bedarf deiner großen Barmherzigkeit, denn ich bin ein Sünder. Und als Sünder bin ich deiner Barmherzigkeit nicht würdig. Aber ich habe demütiges Vertrauen und verlange nach deiner grundlosen Barmherzigkeit, denn ich bin noch kein Verlorener, sondern ein Mensch dieser Erde, der noch Sehnsucht nach den Himmeln deiner Güte trägt und der gerne demütig mit Tränen der Freude das grundlose Geschenk deines Erbarmens entgegennimmt.

Herr, sieh mein Elend. Zu wem sollte ich fliehen, wenn nicht zu dir? Wie sollte ich mich ertragen, wenn nicht im Gedanken, daß du mich erträgst, wenn nicht in der Erfahrung, daß du noch gut mit mir bist. Schau auf mein Elend. Schau an deinen Knecht: den trägen und störrischen, den oberflächlichen. Schau an mein karges Herz: es gibt dir nur das Notwendigste, es will sich nicht in deiner Liebe verschwenden. Schau an meine Gebete: wie widerwillig und mürrisch werden sie dir gezollt, und meistens ist mein Herz froh, wenn es vom Reden mit dir wieder zu etwas anderem übergehen darf. Schau an meine Arbeit: sie ist recht und schlecht, erzwungen durch den Zwang des Alltags, selten eingegeben von der treuen Liebe zu dir. Höre meine Worte: selten sind es Worte der selbstvergessenen Güte und Liebe. Schau her, o Gott: du siehst keinen großen Sünder, nur einen kleinen. Nur einen, bei dem selbst noch die Sünden klein, kärglich und alltäglich sind, dessen Wille und Herz, Sinn und Kraft nach allen Seiten mittelmäßig sind, selbst in den bösen Werken. Aber, mein Gott, wenn ich das recht bedenke, werde ich tief erschrocken: ist, was ich da von mir sagen mußte, nicht gerade das Eigentümliche der Lauen? Und hast du nicht gesagt, es sei dir ein Kalter lieber als ein Lauer? Ist meine Mittelmäßigkeit nicht eine Tarnung, hinter der sich das Schlimmste versteckt, um undurchschaut zu bleiben: das selbstsüchtige und feige Herz, das träge und unempfindliche Herz, jenes, das keine Großmut und keine Weite kennt?

Erbarm dich meines armen Herzens, du Gott der Großmut, der Liebe, der seligen Verschwendung! Gib diesem armen, dürren Herzen deinen Heiligen Geist, auf daß er es umwandle. Dein Geist brenne hinein in mein totes Herz mit der Angst vor deinen Gerichten: wenn es nur wach wird! Möge er es erfüllen mit Furcht und Zittern: wenn es nur die Totenstarre der Hoffnungslosen und Resignierten abschüttelt! Er mache es demütig und zerknirscht: wenn er es nur erfüllt mit der Sehnsucht nach deiner Heiligkeit und dem Vertrauen auf die Macht deiner Gnade! Dein Geist suche mein Herz heim mit der heiligen Reue, die der Anfang des himmlischen Lebens ist. Er suche es heim mit dem Vertrauen auf die unbesiegliche Kraft deines Beistandes, der die Herzen mutig und bebend, froh und kühn in deinem Dienst macht. Nur wenn du mir deine Gnade schenkst, werde ich empfinden, daß ich ihrer bedarf. Nur das Geschenk deines Erbarmens läßt mich erkennen und eingestehen, daß ich ein armer Sünder bin. Nur deine Liebe gibt mir den Mut, mich zu hassen, ohne zu verzweifeln.

Du hast dich meiner erbarmt, heiliger Gott. Dein Sohn hat seinen Leib für mich dahingegeben. Darum darf ich dein Erbarmen anrufen. Er hat den Tod gekostet, der der Sünde Sold ist. Darum brauche ich nicht zu verzweifeln in den sündigen Finsternissen meines Lebens. Ich verehre das Geheimnis, das den Tod des Herrn verkündigt, bis er wiederkommt. Darum kann ich zuversichtlich sein, wenn die Ohnmacht des Fleisches, der Sünde mich zu zermalmen scheint. Durch den Gekreuzigten hat sich alles gewandelt, Finsternis zu Licht, Tod zu Leben, leere Einsamkeit in erfüllte Nähe, Ohnmacht in Kraft. Durch das Sakrament, in dem der Gekreuzigte und Auferstandene Dasein gewinnt für mich, bitte ich dich, den Vater der Erbarmungen und den Gott allen Trostes: erbarme dich meiner, o Gott, nach der großen Fülle deines Erbarmens. Und mein armes Herz wird deine Güte in Ewigkeit preisen. Amen.

Für die Kirche

Für die Kirche soll ich beten, mein Gott. Ich tue es ja jeden Tag bei der Feier des Abendmahls Jesu. Mein Glaube kann doch nur leben in der Gemeinschaft derer, die zusammen die Heilige Kirche Jesu bilden. Und darum ist (neben vielem anderen) für mein Heil unerläßlich, daß sie auch wirklich die Heimat und Grundfeste meines Glaubens sein kann.

Natürlich weiß ich, daß sie dies durch die Macht deiner reuelosen Gnade immer ist und für mich immer sein kann. Aber weil sie auch immer die Kirche der armen Sünder ist, kann sie in verschiedenem Maße Grund und Haus meines Glaubens sein: sie kann es mir leichter und schwerer machen, an dich und deine siegreiche Liebe für mich zu glauben. Ich halte mich wahrhaft nicht für besser als andere in der Kirche; ich weiß, daß ich selbst alles andere bin als ein glanzvoll strahlendes Argument für die Herkunft der Kirche aus Gottes Gnadenwillen – ich, der ich ja selbst ein Glied dieser Kirche bin und sie repräsentieren sollte.

Aber darum darf ich doch auch sagen, daß meine Schwestern und Brüder in dieser Kirche mir oft ebenso zur Anfechtung werden, wenn ich beten soll: Ich glaube die eine, heilige, katholische und apostolische Kirche, Gemeinschaft der Heiligen und (von daher) das ewige Leben. Wie langweilig, greisenhaft, nur auf das Renommee des Apparats bedacht, wie kurzsichtig, wie herrschsüchtig kommen mir manchmal die „Amtsträger" in der Kirche vor, wie in einem schlechten Sinn konservativ und klerikal. Und wenn sie dann salbungsvoll dazu sind, wenn sie penetrant ihren guten Willen und ihre Selbstlosigkeit zu Schau tragen, dann wird es noch ärger, weil ich kaum einmal höre, daß sie auch öffentlich und deutlich ihre Fehler und Mißgriffe bekennen und wünschen, daß wir heute an ihre Unfehlbarkeit glauben und vergessen, was sie gestern an kapitalen Schnitzern und Versäumnissen begangen haben. Wie oft sind sie in heiliger Entrüstung über eine bestimmte Tat; den heiligen Zorn über eine soziale Ordnung, die letzte Ursache dafür ist, spüre ich weniger deutlich. Sie moralisieren viel, aber von der allen Geist und Herz zersprengenden Taumel der Freude über die Botschaft von deiner Gnade, in der du dich selbst schenkst, ist oft weit weniger zu spüren. Und doch hätte ihre Moralpredigt viel mehr Aussicht gehört zu werden, wenn sie so eine kleine Nebenbemerkung in diesem Lobpreis deiner herrlichen Gnade wäre, der Überfülle des Lebens, das du uns mitteilen willst.

Davon, daß das amtliche Gehabe deiner Kirche mir oft so lähmend späteuropäisch erscheint, als ob die Kirche nicht die Weltkirche, sondern eine europäische Kirche mit Exporten in alle Welt wäre, davon will ich schon gar nicht reden. Vor dreihundert Jahren hat man bei uns Hexen verbrannt, und es konnte einem sehr übel bekommen, wenn man daran zweifelte, daß es Hexen gäbe. Heute gibt es diesen Massenwahn in der Kirche nicht mehr, aber wissen wir sicher, daß nicht andere Arten von Massenwahn da sind, bei denen die Kirche naiv mitmacht? Unter den Anhängern des alten Massenwahns waren ja auch heilige, gelehrte und fromme Leute von gutem Willen, die nicht merkten, wie sehr ihr Tun dem Evangelium Jesu widersprach. Ist die Kirche heute von vornherein gegen all solchen Greuel immun? Woher sollte ich das wissen? Wie sollte man eine solche Immunität beweisen?

Mein Gott, hab Erbarmen mit uns armen engen und sündigen Toren, die wir deine Kirche bilden, hab mit denen Erbarmen, die sich deine Stellvertreter nennen (ich finde das Wort, ehrlich gestanden, nicht gut, weil sich Gott doch nicht vertreten lassen kann). Hab Erbarmen mit uns. Ich will nicht zu denen gehören, die die Amtspersonen in der Kirche tadeln und noch mehr als sie dazu beitragen, daß deine Kirche unglaubwürdig erscheint. Ich will noch weniger zu denen gehören, die sich töricht überlegen, ob sie „noch" in der Kirche bleiben wollen. Ich will mich auch immer wieder um helle Augen bemühen, die die Wunder deiner Gnade sehen können, die auch heute in der Kirche sich ereignen. Ich gestehe, daß ich diese Wunder deutlicher bei den Kleinen in der Kirche sehe (bei Andrea z. B., die während ihres Studiums ein Jahr lang umsonst in einem Heim die Wäsche der gestrandeten Jugendlichen wusch) als bei den Großen in der Kirche, denen es doch unvermeidlich meist auch bürgerlich sehr gut geht. Aber vielleicht sind meine Augen trübe, und bin ich affektgeladen gegen „Herrschaft" und „Macht".

Man kann auch legitime Hochgesänge auf die heilige Kirche singen. Sie bekennt ja durch alle Zeiten hindurch deine Gnade und daß du über alles, was außer dir gedacht werden kann, unaussprechlich erhaben ist. Und darum hat sie bis zum Ende der Zeiten eine Existenz, auch wenn ich dann das Reich Gottes erwarte, das auch die Kirche aufhebt. Aber auch ein etwas bitterer Klagesang und ein Flehen um das Erbarmen Gottes für die Kirche preist diese Kirche und dein Erbarmen.

Dem Priestertum entgegen

Herr Jesus Christus, Sohn des Vaters, ewiger Hoherpriester. Du hast uns berufen in deinen Dienst. Du hast zu uns gesprochen: Folge mir. Du willst uns dein eigenes Priestertum schenken. Wir sollen einst in deinem Namen, in deiner Sendung und in der Kraft deines Geistes gehen und Frucht bringen. Wir sollen dein Wort, das Wort der Wahrheit verkünden, deine Gnade austeilen, deines Todes gedenken, dein Opfer feiern, deine Versöhnung schenken, von deinem Erbarmen die verzweifelten Menschenherzen überzeugen. Du, Herr, hast uns zu deinen Priestern berufen. Du hast uns berufen, in diesem einzig echten Streit und der einzigen radikalen Entscheidung der Weltgeschichte, die für dich oder gegen dich ist, auf deiner Seite zu stehen, zu kämpfen, zu leben und zu sterben. Darum aber müssen wir mit deinen Waffen kämpfen. Das aber heißt wiederum: dich lieben, wie du bist, dir folgen dorthin, wohin du gehst. Du aber bist der Menschensohn, der arme, demütige, und dein Weg ist der königliche Weg des Kreuzes. Herr, dein Auftrag ist unermeßlich, und unsere Kraft ist reine Ohnmacht. Aber weil du uns rufst, sagen wir jetzt schon voll Zuversicht: Hier bin ich, sende mich.

Damit wir in deinem Namen einmal voll des Geistes und der Kraft eintreten können in die Arbeit für dein Reich, damit wir priesterliche Menschen seien, wenn du uns durch die Hand des Bischofs zu Priestern weihst, darum bitten wir dich: Gib uns jetzt schon deinen siebenfältigen Geist, den Geist der Weisheit und des Verstandes, den Geist der Wissenschaft und der Frömmigkeit, den Geist des Rates und der Stärke, den Geist der Furcht des Herrn.

Laß uns frohe und tapfere Menschen werden. Gib uns ein Herz voll Güte, Selbstlosigkeit, Demut. Gib, daß wir nüchtern und wachsam, gerade und zuchtvoll, ausdauernd und arbeitsam, bescheiden und großmütig werden. Gib uns die Liebe zu dir. Lebe in uns. Sei die Mitte unseres Herzens und das alleinige Gesetz unseres Lebens. Laß uns mit dir und in dir beten. Unser Leben sei mit dir in Gott verborgen, und die Augen unseres Glaubens mögen durch alles hindurch stets das Ewige erblicken. Gib uns Liebe zum Gebet, zähe Ausdauer in der wissenschaftlichen Arbeit des Tages, den Willen zur allseitigen Bildung unseres Geistes und Herzens. Vor allem aber gib uns schon jetzt deinen priesterlichen Geist: Gib uns den Geist des Opfers, gib uns den Geist des Mutes, deine Wahrheit und Gnade zu künden, gelegen und ungelegen, gib uns den nimmermüden Geist der Liebe zu den Menschen, für die du am Kreuz gestorben bist. Laß uns jetzt schon leben, was wir verkünden werden. Laß uns eingehen in dich, den wir in Händen halten werden. Laß uns getrieben und erfüllt sein vom Geist, den wir aus-spenden werden.

Jesus, Priester in Ewigkeit, Anbeter des Vaters, Erstgeborener unter vielen Brüdern, menschge-wordene Liebe und Wahrheit des Vaters, Herz der Welt, du Erbarmen Gottes, du Richter, du Herr meines Lebens: du hast uns gerufen. Und deine Gaben sind ohne Reue, sind lauteres Ja. Wir ver-trauen auf dich, denn du bist getreu. Wir stehen auf, weil du uns gesegnet hast. Wir gehen, weil du uns gerufen. Wir laufen deine Wege mit weit-gewordenen Herzen. Wir legen die Hand an den Pflug, ohne umzuschauen. Wir werden in deiner Kraft ankommen. Wir werden deine Priester sein durch deine Gnade. Wir werden dir dienen als Priester und dich finden. Und unser Dank wird sein: unser Herz und die Seelen, die wir heimbrin-gen in das Reich deiner ewigen Liebe. Amen.

Gebet eines Weihekandidaten
am Abend vor seiner Priesterweihe

1. Morgen, mein Gott, wird gesagt werden: „po-stulat sancta mater ecclesia, ut hos praesentes dia-conos ad onus presbyterii ordinetis."

Deine Kirche also will es. Du in deiner Kirche. Nicht ich habe dich erwählt, sondern du mich. Wie selig ist diese Wahl, weil sie deine Wahl ist, die Wahl deiner unerforschlichen Wege, die Liebe sind und Erbarmen.

Wie furchtbar diese Wahl, weil sie deine Wahl ist, der du wählst nach der souveränen Freiheit und Unbekümmertheit deines Waltens, der du das Schwache zum Übermenschlichen, das Kleine zum Größten wählst, damit niemand sich rühmen könne, sondern Gottes Kraft allein in unserer Schwachheit vollendet werde. O laß mich erkennen, daß auch vom „onus presbyterii" dein Wort gilt: „Mein Joch ist süß, und meine Last ist leicht", daß mir die vernichtende Last des Kreuzes deines Priestertums werde zur seligen Last Gottes, zu aller Gnaden Überlast.

Und dann werde ich die Frage des Bischofs hören: „scisne illos esse dignos?" Mein Gott, wer ist deiner würdig? Wer ist vor dir würdig? Die Nichtigkeit vor deiner Allwirklichkeit, die Sündigkeit vor deiner verzehrenden Heiligkeit? Sieh, ich muß mit Isaias bei seiner Berufung zum Propheten, als er das dreimal Heilig des anbetenden Seraphs hörte, beten:

„Weh mir, ich bin verloren, denn ein Mann mit unreinen Lippen bin ich und wohne bei einem Volk mit unreinen Lippen."

Du aber machst mich würdig, weil dein Ruf, deine Gnade und Kraft meine Würdigkeit sind und ich trotz meines „Domine, non sum dignus" seit Isaias kühn und zuversichtlich sprechen darf: „Adsum" – hier bin ich, sende mich.

2. Und dann wird mir der Bischof die Hände aufs Haupt legen, schweigend, und in diesem Schweigen, wie in einer Weihnachts- oder Osternacht – „dum silentium tenet omnia" – wird dein allmächtiges Wort und die Glut deines Geistes mich zum Priester deines Sohnes, meines Herrn, umschaffen. Dein Geist wird auf mich niederkommen, die Gnadengabe Gottes, die ein Geist ist

nicht der Zaghaftigkeit, sondern ein Geist der Kraft, der Liebe und Besonnenheit (2 Tim 1,6.7), der Geist, der Priester macht, Opfernde und Zeugen deines Wortes, der Geist, der uns uns selbst entreißt und unser Leben mit hineinopfert in das Opfer Christi zum Heil der Welt.

Der Bischof wird mir die Hände auflegen, wie man im Alten Bund dem Verurteilten und dem Opfer zur Sühne der Sünden die Hände auflegte. Denn ich soll dem nachfolgen, den du, da er von Sünde nichts wußte, für uns zur Sünde gemacht hast (2 Kor 5,21), damit uns durch ihn Gottes Gerechtigkeit zuteil werde; ich soll dem Lamme Gottes nachfolgen, das die Sünde der Welt auf sich nahm (Joh 1,29), auf das du die Sündenschuld von uns allen gelegt hast (Jes 53,6). Wie Moses den Josue durch Handauflegung zum Führer des Volkes bestellte, „und er ward vom Geist der Weisheit erfüllt, weil Moses ihm die Hände aufgelegt hatte" (Dt 34,9), wie die Leviten bestellt wurden durch Handauflegung (Num 8,10), wie Jesus die Hände auflegte auf Kinder und Kranke, wie die Apostel auf ihre Jünger die Hände legten, damit ihr Geist auf sie überging, wenn sie sie aussandten und aussonderten zu dem Werk, zu dem dein Geist sie berufen hatte (Apg 13,3).

Der Bischof wird mir die Hände auflegen, und ich werde eingereiht in die Reihe deiner Knechte, die seit zweitausend Jahren durch alle Zeiten und alle Länder ziehen, deinen Namen vor Könige und Völker zu tragen. In die lückenlose Reihe, die du begonnen hast, als dein Sohn, unser Herr, sprach: „Geht hin in alle Welt ... sieh, ich bin bei euch." In die lückenlose Kette der Sendung, des Auftrags eines gemeinsamen Schicksals, einer neuen Kraft und Gewalt, in das eine, heilige Geschlecht deiner Priester, das sich ewig fortzeugt nicht durch das Blut und den Willen des Fleisches, sondern durch die Geburt aus dem Geist und der Macht deines Auftrags. In die lückenlose Kette deines priesterlichen Geschlechts, das nie aussterben wird, bis du kommst, zu richten die Lebendigen und die Toten. Der Bischof wird mir die Hände auflegen. Und dann wird er sie wieder schweigend von meinem Haupte nehmen. Aber deine Hand, o mein Gott, wird auf mir ruhen bleiben.

Deine Hände werden auf mir bleiben.

Die Hände des Allmächtigen, die milder sind als Mutterhände.

Die Hände, die alles geschaffen haben und erhalten.

Die Hände, die schwer auf den Menschen lasten können und oft drückend in meinem Priesterleben auf mir lasten werden.

Die Hand, die schlägt und heilt.

Die Hände des lebendigen Gottes, in die zu fallen furchtbar ist.

Die Hände, in die ich beim Tod meinen Geist empfehlen werde.

Wenn deine Hand durch die Hand des Bischofs auf mir ruhen wird und so dein Geist, dann wird die Weissagung des Isaias auch von mir gelten: „Der Geist des allmächtigen Herrn ruht auf mir, denn mich hat der Herr gesalbt, mich gesandt, den Armen die frohe Botschaft zu bringen. Er hat mich gesandt, die gebrochenen Herzens sind zu heilen, den Gefangenen Freiheit zu künden, den Gebundenen Erlösung, auszurufen das Gnadenjahr des

Herrn" (Jes 61, 1 ff.). Dann werde ich mit Jesus sagen können: „Heute ist dieses Wort der Schrift in Erfüllung gegangen" (Lk 4, 21). Morgen werden, wie schon bei Timotheus, auch meine Mitbrüder, meine Kameraden im Kriegsheer des Herrn, mir brüderlich ihre Hände auflegen, damit *ein* Geist und *eine* Kraft und *eine* Sendung in uns allen lebe und wirke, damit der priesterliche Geist der Kirche Jesu weiter gezeugt werde. Wir werden dann zum Presbyterat gehören, erwachsen sein, zu den Alten gehören. Auf uns wird dann ruhen die Verantwortung, daß der Geist der Apostel und Martyrer, der treue, starke, selbstlose, gläubige, opferwillige Geist, der mutige, angriffsfrohe, hochgemute Geist, den wir empfangen, nicht aussterbe.

3. Dann wird mir der Bischof die Stola über meiner Brust, über meinem Herzen kreuzen und wird mich mit dem Gewand des Priesters, mit der Kasel, bekleiden. Du, mein Gott, gibst mir zum Taufkleid noch das priesterliche Gewand. Laß mich beide unbefleckt vor deinen Richterstuhl bringen! Vor dir bin ich allein nackt und bloß, denn wer ist vor den Augen deiner unbestechlichen Gerechtigkeit etwas anderes als Nichtigkeit und Sünde? Aber bekleide mich mit dem Gewand der Gerechtigkeit und heiliger Zucht, hülle mich, den verlorenen Sohn, ein in die Gewänder deiner Gnade, des Lichtes und der ewigen Klarheit. Gib mir überdies dazu die Waffenrüstung des Lichtes (Röm 13, 12), damit ich umgürtet sei mit der Wahrheit, angetan mit dem Waffenkleid der Gerechtigkeit, beschuht mit der Bereitschaft, die frohe Botschaft des Friedens zu verkünden, bewehrt mit dem Schild des Glaubens, dem Helm

des Heiles und dem Schwert des Wortes Gottes
(vgl. Eph 6, 10–17).

4. Dann wird der Bischof in Kreuzesform
meine Hände salben und binden.

Die Hände, die segnen sollen,

die Hände, die den Frieden Gottes den Sündern
spenden sollen,

die Hände, die im Gebet für das heilige Volk
Gottes ausgebreitet werden,

die Hände, die den Leib und das Blut des Herrn
halten sollen.

„Die Hand füllen" war schon im Alten Bund
Ausdruck für die Priesterweihe. Fülle meine
Hände mit deinem Segen! Laß sie nie leer werden!
Laß sie immer geheiligt sein! Laß sie immer be-
hende sein in deinem Dienst und gebunden an
deinen Befehl! Laß sie sich nie ausstrecken nach
dem Bösen! Laß dein Kreuz, deiner Liebe Zeichen,
mir immer wie Wundmale auf meinen Händen
brennen, damit auch ich immer die Stigmata Christi an meinem Leibe trage. Laß mich gesalbt sein,
wie du Aaron und seine Priester, Könige und Propheten salbtest, zu deinem königlichen Priestertum und deinem Propheten. Laß mich gesalbt sein
wie dein Gesalbter, der Messias, unser Herr, „mit
dem Öl der Freude vor allen meinen Genossen",
mit dem Öl der Kraft und der Heiligkeit, mit dem
Öl des Heiligen Geistes, dem Öl der Gottheit. Mit
der Salbung, die uns bleibt, die uns über alles be-
lehrt (1 Joh 2,27).

5. Dann wird der Bischof meinen gesalbten
Händen zum erstenmal die Patene und den Kelch
mit den Opfergaben anvertrauen. „Calicem saluta-
ris accipiam et nomen Domini invocabo." Ich

werde die Patene halten, die den Leib des Herrn tragen soll. Ich werde den Kelch ergreifen, der das Lösegeld für die Sünden der Welt in sich faßt. Ich werde dein Priester sein, und ich werde das Opfer Christi feiern morgen und alle Tage meines Lebens. Ich werde des Wortes mächtig sein, das die Welt wandelt in Gott. Ich werde das immerwährende Opfer des neuen und ewigen Bundes darbringen. Ich werde den Leib in Händen halten, der für uns dahingegeben wurde. Ich werde den Kelch erheben mit dem Blut, das für mich und alle vergossen wurde, damit wir entsühnt und geheiligt seien in der Wahrheit. Ich werde deinen Leib meinen Brüdern geben, das Sakrament der Gnade, des Todes des Herrn, das Sakrament der Einheit und Liebe, das Sakrament des neuen Leibes und der Auferstehung. Ich werde mit meinem Leben hineingezogen werden in deinen Tod. Ich werde dein Priester sein.

6. Dann wirst du, Herr Jesus Christus, Priester in Ewigkeit, vor mir stehen und mich anschauen, wie du deine Apostel anblicktest mit dem Blick der Allwissenheit und der unergründlichen Liebe und auch zu mir sprechen: „Iam non dicam vos servos, sed amicos meos." Freunde habe ich euch genannt, denn ich habe euch alles geoffenbart, was ich vom Vater gehört habe (Joh 15, 15). Herr, ich bin dein Knecht und der Sohn deiner Magd, ich bin dein Freund, weil du es gesagt hast, und dein Wort ist wirksam und allmächtig. Ich bin dein Freund, weil du mir alles gegeben, was du hast, deinen Vater, dein Leben, deine Gnade, deinen Auftrag, deine Vollmacht, deinen Beruf, dein Schicksal, dein Kreuz, deinen Tod und deinen

ewigen Sieg. Und du sprichst noch einmal nüchtern in meinen heiligen Überschwang. „Vos amici estis, si feceritis quae ego praecipio vobis – Meine Freunde seid ihr, wenn ihr alles tut, was ich euch auftrage."

7. Und dann werde ich noch einmal das Credo sprechen, das „herrliche Bekenntnis vor vielen Zeugen", das schon Timotheus (1 Tim 6, 12) abgelegt hat. Das Credo der Apostel und meiner Ahnen und meiner Eltern. Das Credo meines alten lieben Kinderglaubens. Das Credo, das meine Jugend erfreute. Dem ich als Mann die Treue hielt, das besser ist, als alle Weisheit der Welt, das Gottes Wort ist, das bleibt in Ewigkeit. Das Credo, dem jetzt mein Wort, meine Arbeit, mein Blut gehört, das ich reden und leben soll.

8. Und noch einmal wird mir der Bischof die Hände auflegen und mir sagen, daß ich gesandt bin, zu binden und zu lösen, zu richten und zu vergeben in deinem Namen. Laß mich immer dieses stille, ernste und demütige Amt der Sündenvergebung lieben. Dieses Amt des letzten bittern Ernstes des Menschenlebens, der Sünde. Dieses Amt deiner unerschöpflichen Barmherzigkeit und Langmut. Dieses Amt, in dem deine Gerechtigkeit und Gnade eins werden, eins werden menschlichste Menschlichkeit und göttlichste Göttlichkeit. Dieses Amt des Schweigens, der Geduld. Dieses Amt ewigen Lebens.

9. Und endlich wird der Bischof meine Hände in seine Hände nehmen, und ich werde der Kirche Gehorsam und Treue geloben: harten und treuen Gehorsam, selbstlosen Gehorsam, Gehorsam, in dem der Mensch sein Leben hineinvergißt in eine

Aufgabe, die größer ist als er, Gehorsam, in dem der Mensch sich verliert, um sich in dieser Treue und ewigen Güte zu finden. Siehe, ich lege meine Hände in deine Hände, mein Gott. So nimm denn meine Hände und führe mich: durch Freude und Leid, durch Ehre und Schmach, in Arbeit und Schmerz, im Alltag und in großen Stunden, in der heiligen Stille deines Hauses, aber auch auf den langen, staubigen Straßen der Welt. Führe mich heute und immer, führe mich in das Reich deines ewigen Lebens!

10. Nachdem ich so von dir gerufen, erhoben, mit Kraft gesalbt und ausgesandt wurde, werde ich aufstehen und wieder gehen als dein Priester, dein Gesalbter, dein Bote, dein Zeuge, als dein Priester in Ewigkeit. Die Weihe zum Priestertum ist eigentlich dein letztes großes Wort in mein Leben hinein, dein letzter, entscheidender und endgültiger und unwiderruflicher Ruf. Der jetzt für immer mein Leben formt. Was jetzt in meinem Leben kommt, kann nur noch die Auswirkung, das Ausleben dieses endgültigen Rufes sein, nur noch Durchführung dieses einen endgültigen Befehls, der mein Leben für immer beherrschen wird. Gib darum, daß ich treu erfunden werde. Du hast mich gerufen, du wirst es auch vollenden (1 Thess 5,24). Denn deine Gaben sind ohne Reue. Am Tag meiner Weihe laß es das Morgengebet meines Priesterlebens sein, das Wort aus dem Geist des heiligen Kämpfers Ignatius:

„Ewiges Wort, eingeborener Sohn Gottes.

Lehre mich die wahre Großmut.

Lehre mich dir dienen, wie du es verdienst.

Geben, ohne zu zählen,

Kämpfen, ohne der Wunden zu achten,

Arbeiten, ohne Ruhe zu suchen,

Mich zu opfern, ohne einen andern Lohn zu erwarten

Als das Bewußtsein, deinen Willen erfüllt zu haben.

Amen!"

Gebet um den rechten Geist des Priestertums Christi

Herr Jesus Christus, Sohn des lebendigen Gottes, ewiges Wort des Vaters, hoher Priester aller Menschen.

Wir danken dir, daß du uns zu deinem Priestertum hast bereiten wollen. Wir bekennen, daß *du* uns erwählt hast, nicht wir dich, daß wir unwürdig und schwach sind und ohne deine Gnade untauglich wären, solchem Beruf zu folgen. Doch du hast uns bereitet. Wir sollen deine Zeugen sein. Wir danken dir, Engel des großen Ratschlusses. Wir sollen deine Wahrheit verkünden. Wir preisen dich, du Wort ewiger Wahrheit. Wir sollen dein Opfer erneuern. Wir loben dich, Priester und Opfer in Ewigkeit. Wir sollen deine Gnade spenden. Wir benedeien dich, du menschgewordene Huld des Vaters, und sagen dir Dank, nur Dank, daß du uns in dein Heiligtum, an deinen Altar und in deine eigene priesterliche Sendung berufen hast. Wir sagen dir Dank.

Auch für uns hast du gesprochen, als du in die Welt kamst. Auch ich komme, deinen Willen zu

tun, einen Leib hast du mir bereitet. Auch für uns
hast du gefleht, als du die lange Nacht für deine
Apostel betetest vor ihrer Wahl. Auch für uns
warst du geduldig und mild, als du deine unver-
ständigen Jünger ertrugst. Auch über unsere Arbeit hast du frohlockt, als du den Vater priesest,
da die Jünger heimwärtskehrten. Auch für uns
hast du bangend gebetet, daß unser Glaube nicht
wanke und wir in Petrus gestärkt würden, wenn
es den Satan gelüstet, uns zu sieben, wie man den
Weizen siebt. Auch wir standen vor deiner Seele,
als du den Aposteln in der Bergpredigt das Gesetz
ihres Lebens und im Vaterunser das Kompendium
ihres Betens gabst. Dein Dein Wort meinte auch
uns, als du zu deinen Aposteln sprachst: Euer
Herz verwirre sich nicht; was seid ihr so furcht-
sam, ihr Kleingläubigen, ich habe euch gesetzt,
damit ihr hingeht und Frucht bringet, der Schüler
ist nicht über dem Meister, wer nicht auf alles ver-
zichtet, kann ein Jünger nicht sein, du hast auch
uns in deinen Aposteln deine Freunde, deine
Kindlein, deine Brüder genannt, die dir lieb sind
wie Bruder, Schwester und Mutter. Dein Wort
wollte auch unser Herz treffen, als du deinen
Aposteln diese und tausend andere Worte
sprachst, die dein Evangelium uns hinterlassen
hat als dein Vermächtnis an deine Priester und die
wir kniend und unter Tränen lesen sollten. Du
hast auch *uns* gemeint, als du Worte sprachst, davor sich alle Mächte und Gewalten der Geschichte
zitternd beugen: Gehet hin, lehret alle Völker und
taufet sie; tut dies zu meinem Andenken; welchen
ihr die Sünden nachlassen werdet, denen sind sie
nachgelassen; was ihr auf Erden lösen werdet,

wird auch im Himmel erlöst sein. O Jesus, Priester und König in Ewigkeit, du willst, daß wir deine Priester seien und bleiben. Sei gelobt in Ewigkeit.

Siehe, Herr, wir wollen immer aufs neue anfangen zu werden, was schon zu sein du uns berufen hast. Wir werden wieder froh und mutig in den Alltag hineingehen, in dem wir noch mehr reifen sollen zu Aposteln und Priestern deiner heiligen Kirche. Du selbst schickst uns auf diese Wege. Lange, mühsam und grau sind sie oft unserm schwachen und ungeduldigen Herzen. Gib uns darum deinen Heiligen Geist und auf diesem unserem neuen Pilgerweg den Geist deines Priestertums, den Geist der Ehrfurcht vor Gott, den Geist der Zerknirschung, den Geist der Demut und der keuschen Furcht, den heiligen Gott durch die Sünde zu verunehren, den Geist des Glaubens und der Liebe zum Gebet, den Geist der Reinheit und der männlichen Zucht, den Geist der Wissenschaft und der Weisheit, den Geist der brüderlichen Liebe und Einheit ohne allen Neid und Streit, den Geist der Freude und der Zuversicht, den Geist des Großmutes und der Hochherzigkeit, den Geist des Gehorsams, der Geduld und der Liebe zu deinem heiligen Kreuz. Laß uns auf diesem Weg Gott deinen Vater vor Augen haben, in seiner heiligen Gegenwart wandeln, ehrlich an der Bildung unseres Herzens arbeiten, brüderlich untereinander zusammenhalten, einer des andern Last tragen und so dein Gesetz erfüllen.

Laß uns auch durch ein treues, gleichmäßiges, selbstloses geistiges Mühen und Ringen dir täglich ähnlicher werden, o ewige Weisheit Gottes.

Vor allem und über all dem gib uns die Gnade des Gebetes und der Liebe zu dir, o Jesus. Was sind wir ohne dich? Verlorene. Wie könnten wir dich aber anders haben als dadurch, daß wir durch das Gebet und die Liebe dich immer neu und immer mehr zum Mittelpunkt unseres Herzens machen. Verleih uns daher, o Herr, wenn du uns als deine Priester haben willst, jene Gabe, ohne die man dein Priester in Wahrheit nicht sein kann, verleihe uns die Gnade des Gebetes, der Sammlung, der Innerlichkeit. Halt uns, wenn wir dir zerstreut und ausgegossen davonlaufen wollen, treib uns Närrische zu dir zurück, wenn es sein muß mit dem Stachel des Leides, der Bitterkeit des Herzens und der Not. Gib uns nur eines: die Gnade, wahrhaft betende Menschen zu sein und täglich mehr zu werden. Wenn wir Beter sind, dann sind und bleiben wir in deiner Gemeinschaft, dann werden wir immer mehr, was wir nach deinem Willen sind und sein sollen: deine Jünger, deine Apostel, deine Priester, die Zeugen deiner Wahrheit und die Ausspender deiner Geheimnisse.

Wir haben uns und dir gelobt, deine Priester zu werden: Priester und sonst nichts, Priester in ungeteiltem Dienst. Du schaust uns an, dein Blick dringt in unser Gewissen, deine Liebe rührt an unser Herz. Und du sprichst: Ihr seid meine Freunde, wenn ihr tut, was ich euch aufgetragen habe (Joh 15, 14). Wir aber wagen es, in Demut und Vertrauen zu dir aufzuschauen und zu sprechen: mit deiner Gnade werden wir sein, was du uns aufgetragen hast. Amen.

Sakrament des Altars

Wir knien, Herr, vor dem Sakrament der Altäre der heiligen Kirche, vor dem Sakrament des neuen und ewigen Bundes Gottes mit dem Geschlecht aller Erlösten. Wir schauen auf zu dir, Herr, der du unter uns gegenwärtig bist mit Fleisch und Blut, mit Leib und Seele, mit Gottheit und Menschheit. Wir beten dich an, wir benedeien dich, wir sagen dir Dank. So wie du unter uns bist, kündest du deinen Tod: die Nacht der Welt, in der du verraten wurdest durch uns und unsere Sünde; den Übergang der Welt durch den Tod in das schweigende Geheimnis Gottes; das Opfer, das Himmel und Erde versöhnt; das Opfer, in dem wir alle geopfert, weggegeben sind an Gott, uns entrissen, selbst im Übergang, selbst mitgenommen in die unsichtbar brennende Flamme des Geistes, die die Welt bewahrt und heiligt und in Gott hineinrettet, indem sie verbrennt.

Wir knien vor deinem Sakrament, Herr, das uns dir eint, dir, dem Sohn und dem ewigen Wort des Vaters, dir, dem Menschensohn. Wenn wir dieses Brot essen, bleiben wir in dir und du in uns. Wenn wir dich genießen, wandelst du uns in dich hinein, wachsen Glaube, Hoffnung und Liebe. Wenn wir an dir teilhaben, Brot des Lebens und Unterpfand der Herrlichkeit, sind wir viele ein Leib; dann essen wir das Gericht über unsere Selbstsucht oder die Kraft der Liebe, die freimacht, vereint und alles sammelt. Wenn wir als die eine heilige Gemeinde dich emporheben als

Opfer des neuen Bundes, wenn wir dich essen, dann verkünden wir deinen Tod, bis du wiederkommst, dann erneuerst du auch bei uns und in uns das Geheimnis deines Todes. In deinen Tod sind wir hineingetauft. Zum Geheimnis deines Todes, der das Leben ist, bekennen wir uns, sooft wir dieses Sakrament empfangen. Brot bist du uns in der Wahrheit, der du gegenwärtig wurdest in deinem eigenen Wort, und in Wahrheit bist du das Wort, in dem der Vater alle Wahrheit sich selbst sagt von Ewigkeit zu Ewigkeit. Lebe in uns, die wir dich genießen, als die heilige Unruhe zu aller Wahrheit, als die Unerbittlichkeit der höchsten Wahrheit in aller menschlichen Wahrheit. So wie dieses Brot erfülltes Zeichen ist und Schleier zugleich des ewigen Wortes selbst in dieser Welt der Schatten und Gleichnisse, so sei auch die menschliche Wahrheit, die wir erkennen und bekennen in unserem Leben, Zeichen und Verheißung der ewigen Wahrheit, die wir einst von Angesicht zu Angesicht zu schauen hoffen. Wenn wir dich empfangen, dann komm auch zu uns als diese Wahrheit in aller Wahrheit. Komm zu uns als die Hoffnung der ewigen Wahrheit, die die ewige Liebe ist. Im Sakrament der Altäre ist deine Menschheit das Unterpfand, das uns mit deiner Gottheit verbindet. Deine Menschheit berührt uns und konsekriert uns.

So laß uns denn werden durch dieses Sakrament, was wir sind: Menschen, lauter und wahrhaftig an Leib und Seele, Menschen, in denen die Gegenwart deiner Gnade selbst ein Zeichen findet und wirksam wird für die, die mit uns sind und leben, für die, denen wir zu dienen haben. Sei endlich für uns, die wir dich als den verborgenen, den schweigenden, den geopferten Gott unseres Lebens und unseres Sterbens anbeten und empfangen, das Unterpfand des ewigen Lebens: des Lebens der Wahrheit und der grenzenlosen Freiheit, des Lebens des Lichtes und der Klarheit ohne Schatten, des Lebens der seligverzehrenden Anbetung der Unbegreiflichkeit Gottes, des immerwährenden Amens der seligen Übergabe aller Kreatur an den Vater, in dem er Alles in Allem wird.

Was wir begehen im Kult des Opfers der Kirche, in der Anbetung dieses Sakramentes, im Empfang deines Leibes und Blutes, das werde auch durch deine Gnade immerdar begangen und gefeiert in der heiligen Begehung unseres eigenen Lebens, im Alltag und in den hohen Stunden, im Leben und im Tod. Wir bitten dich um die Gnade, daß du im Sakrament auch die Wegzehrung sein mögest, wenn wir einmal scheiden von dieser Welt; wenn unser Tod in deinem Tod aufgenommen werden soll und die Nacht uns überfällt, da niemand mehr wirken kann; wenn alles versinkt in der namenlosen Majestät des Todes. Dann laß uns durch unseren Tod deinen erlösenden Tod künden, uns, die wir ihn gefeiert haben im Sakrament und im Opfer der Messe. Damit dein Tod einst gegenwärtig werde als die Kraft und der ewige Sinn unseres Todes, darum gib uns die Gnade, daß wir jetzt an dein Sakrament glauben, es feiern in Hoffnung und Liebe, es immer wieder aufs neue aufrichten mitten in unserem Leben, an jedem Tag des Herrn und darüber hinaus. Dein Sakrament, Herr, begleite uns auf allen Wegen dieser Welt, und führe uns ein in das Reich des Vaters, dem durch dich im Heiligen Geist sei immerdar alle Ehre und Herrlichkeit. Amen.

Eucharistie und Alltag

O Herr, komm, gehe ein in mein Herz, Gekreuzigter, Gestorbener, Liebender, Getreuer, Wahrhaftiger, Geduldiger, Demütiger, der du ein langes mühsames Leben angenommen hast in einem Winkel der Welt, verkannt von den Deinen, wenig geliebt von den Freunden, verraten von ihnen, untertan dem Gesetz, ausgeliefert der Politik schon von Anfang an, Flüchtlingskind, Zimmermannssohn, Prediger, der Vergeblichkeit erntete, Mensch, der liebte und keine Gegenliebe fand, Hoher, den die Umgebung nicht begriff, du Verlassener, in die Gottverlassenheit Fallender, alles Opfernder, dich in die Hände deines Vaters Empfehlender, der du riefst: ,Vater, mein Gott, warum hast du mich verlassen?' Dich will ich empfangen, so wie du bist, dich zum innersten Gesetz meines Lebens machen, dich zur Last und zur Kraft meines Lebens. Wenn ich dich empfange, nehme ich meinen Alltag, so wie er ist. Ich brauche dir keine hohen Empfindungen meines Herzens zu erzählen, ich kann vor dir meinen Alltag ausbreiten, so wie er ist, denn ich empfange ihn von dir selber, den Alltag und sein inneres Licht, den Alltag und seinen Sinn, den Alltag und die Kraft, ihn auszuhalten, die Gewöhnlichkeit, die zur Verborgenheit deines ewigen Lebens wird.

Gebet eines Laien

Gott, ich werde immer ein wenig nervös, wenn ich das Wort „Laie" in der Kirche höre. Wenn sonst von Laien geredet wird, sind solche Leute gemeint, die von einer bestimmten Sache nichts oder sehr wenig verstehen. Ich aber habe Recht und Pflichten, von der Botschaft Jesu und seinem Reich so viel wie nur möglich zu verstehen, und es ist nicht ausgemacht, daß das weniger sein müsse, als das, was die Inhaber priesterlicher Vollmacht in Erkenntnis und Tat davon besitzen.

Ich besitze bestimmte solche Vollmachten nicht, bestimmt nicht, und ich habe auch gar kein Verlangen danach; denn so sehr diese auch zu schätzen sein mögen, sie dienen nur der einen Aufgabe, die ich habe: radikal ein Christ zu sein, in dem der Geist Gottes wirkt und mein Leben in der Nachfolge Jesu auf Gott hin treibt. Die Amtsträger stehen darum in dem, worauf es allerletztlich ankommt, nicht über, sondern neben mir. Und die Gnade Gottes kommt nicht nur durch die sakramentalen Zeichen, die die Amtsträger verwalten, auf mich zu, sondern bleibt darüber hinaus in der freien Verfügung Gottes, der sie allen schenkt, die ihn darum bitten.

Ich weiß, heiliger Gott, daß meine Verantwortung für mein Christsein dadurch nur wächst. Ich muß Rechenschaft darüber geben, ob ich die Gaben und Charismen, durch die ich lebe, auch für die anderen genügend sich auswirken lassen. Ich muß nicht auf der Kanzel predigen, aber – was schwerer ist – durch mein Leben das Evangelium

bezeugen. In einer Umgebung, die weder aus-
drücklich das Christliche ablehnt, noch es wirklich
liebt, sondern alles Religiöse tabuisiert, fällt es mir
Feigem schwer, am rechten Platz und zur rechten
Zeit zu zeigen, wer ich bin; dazu zu stehen, daß
man mit sich und seinem Leben letztlich doch nur
fertig wird, wenn man es auf dich, o Gott, stellt
und in deiner Gnade lebt.

Mutigere und unbefangenere Christen bezeugen mir, daß man – wenn man gewisse Barrieren
überspringt – mit seinem Zeugnis befreiend bei
anderen „ankommt", wo zunächst alle Türen fest
verschlossen schienen. Warum bin ich so ängstlich, so feige, wie ich mir ehrlich eingestehen
muß? Wörter wie „missionarisch", „apostolisch"
usw. haben heute einen so betulich altmodischen
Geschmack. Aber die Sache selbst? Wenn sie
fehlt, ist das nicht ein Anzeichen dafür, daß mein
Laienchristentum selber dürftig und schwach ist?

Gott, gib mir Mut und Kraft, ein Laie zu werden, der den Namen eines Christen verdient.

Um Gerechtigkeit und Brüderlichkeit

Du willst – weil es gar nicht anders sein kann –,
daß wir von dir selbst erbitten, was unsere Aufgabe, die Tat unserer eigenen Freiheit ist. Denn
wir sind zwar deine Partner in der Geschichte der
Welt, aber nur weil du es selber so gesetzt hast, so
daß unser eigenes Werk nochmals deine Gnade
und dein Werk ist. So sind wir als Täter deine von
dir Getanen: Gott, dir sei Dank, denn es wäre das

leere Nichts und ein böses dazu, wenn wir aus eigener Vollmacht allein werken könnten.

Aber, o unbegreiflicher Gott, laß mich den Notschrei aller Geschichte fortsetzen: die Geschichte unserer Taten sieht für unsere Augen nicht sehr deutlich so aus, daß man sie auch als *dein* Erbe erkennen kann. Vom Faustkeil, der Abel erschlug, bis zu den Gasöfen unserer Zeit: nichts als unsägliche Greuel, Schurkerei, Elend, Tod.

Es ist wahr: du wirst sagen, das sind die Taten eurer Freiheit, die ich – gerecht – zugelassen, aber nicht gewollt habe. Aber, unbegreiflicher Gott, ich habe von Paulus über Augustinus bei allen großen christlichen Theologen gehört und gelernt, daß auch unsere – meinetwegen böse – Freiheit umfaßt ist von der inappellablen, durch nichts, auch nicht durch unsere Freiheit begrenzten Macht deines Willens und deiner unerforschlichen Prädestination, die unsere Freiheit gar nicht aufheben muß, um in ihrer auch von uns nicht begrenzten Freiheit das zu tun, was ihr gefällt.

Ich sage das mir (nicht dir!), nicht um jetzt in der Unbegreiflichkeit deines Willens und deiner Gerichte unterzugehen, nicht um deine Souveränität gegen die Halbgescheiten unserer Tage zu verteidigen, die meinen, ein solcher Gott dürfe nicht sein, weil er alle unsere Maße sprengt, so daß auch – was ich so sage – selbst nochmals unter die von uns nicht hörbare Kritik eben deiner Unbegreiflichkeit fällt. Ich sage das nur, um mir verständlich zu machen, daß ich *dich* um Gerechtigkeit und Brüderlichkeit anflehen muß, die *wir* üben müssen.

Ich weiß, *wir* selber müssen uns in dem entsetzlichen Kampf gegen unseren – meist latenten und legitimierten – Egoismus hoffend wider alle Hoffnung bemühen, unserem kargen Herzen ein wenig Gerechtigkeit und Brüderlichkeit abzuringen. Ich weiß, daß ich mich und nicht die anderen vor dein Gericht zitieren muß, das über diese Tugenden richten wird zu ewigem Heil oder ewigem Verderben. Ich weiß, daß heute eine solche Aufgabe nicht bloß eine privatistische Sache pietistischer Innerlichkeit sein darf, sondern unter Umständen auch durch Revolutionen ausgetragen wird, auch wenn wir uns vom Imperativ der Gewaltlosigkeit in der Bergpredigt Jesu betroffen machen lassen müssen. Aber wenn es auch wahr ist, daß wir in dieser laufenden Zeit der irdischen Geschichte unsere Sache nicht auf dich abwälzen dürfen, so weiß ich eben doch, daß es keine Aufgabe der Gerechtigkeit und Brüderlichkeit für uns gibt, die nicht zuvor schon selber die Aufgabe deiner heiligen Gerechtigkeit wäre und deiner Brüderlichkeit, die du in Jesus, deinem Sohn und unserem Bruder, für uns gestiftet hast.

Darum also wage ich zu sprechen: Gib, was du uns gebietest, Brüderlichkeit und Gerechtigkeit in der Welt. Ich weiß, daß ich die endlos lange Menschheitsgeschichte bis zum Ende abwarten muß, bis auch mir klar wird, daß du diese Bitte erhörst und erhört hast. Aber – verzeih die Bitte – ein wenig, ein klein wenig mehr an Gerechtigkeit (vielleicht: Sachlichkeit) und Brüderlichkeit laß mich schon jetzt erfahren. Geh – sagst du – und tu, was du von mir erbittest. Dann habe ich getan, was du willst.

Gebet um Frieden

Heiliger Schöpfer der Welt und der Erde mit ihren Menschen. Du hast gewollt, daß die Menschheit sich bis zu einem Punkt entwickle, an dem
sie nicht nur dieses, jenes und vieles Böses in ihrer Geschichte begehen kann und immer wieder
schrecklich begeht, sondern an dem sie sich in einem globalen Suizid selbst zu vernichten vermag.
Hättest du nicht diese Möglichkeit der Evolution
verhindern können, wenn doch die Geschichte
der Menschheit (wie wir hoffen, hoffen müssen)
in deinem Licht und deinem Frieden enden soll,
der mehr ist als alle Etappen einer weitergehen-
den Entwicklung? Oder bekennt gerade diese
letzte Möglichkeit allein eindeutig, wer du bist
und wer wir sind, weil die höchste Höhe der
Kreatur unerbittlich zum höchsten Absprung in
das restlose und sogar vorhersehbare Verderben
wird?

Vielleicht schaudert dir vor diesem globalen
Selbstmord gar nicht, weil du ja (hoffentlich mil-
den Gerichtes) den Taten Kains am Anfang und
jedem Suizid zu allen Zeiten zusiehst. Aber wir,
deine Kreaturen, haben nicht das Recht, diesen
universalen Brudermord, unseren globalen Selbstmord zu wollen oder durch unsere Indolenz zuzu-
lassen. Es gibt Möglichkeiten, nicht nur Wirklichkeiten, die so entsetzlich sind, daß auch nur ein
lässiges Hinnehmen, ein Damitrechnen die Hölle
verdient. Du hast die Menschheit in ihrer ganzen
Geschichte in Massenwahn und auf Irrwege ren-
nen lassen, bei denen uns nichts übrig bleibt, als

weinend niederzufallen vor unseren Gott, der uns gemacht hat.

Und niemand weiß genau, ob gerade im menschlich Schrecklichsten oder im bloß scheinbar Harmlosen das Schrecklichste sich ereignet, das dein verzehrendes Gericht trifft.

Dazu hast du verkündet (so, daß es uns interessieren muß), daß ein Ende der Menschheitsgeschichte auf jeden Fall von dir gewollt und herbeigeführt werden wird. Aber, o Gott, allen Erbarmens, muß ich wirklich damit rechnen, daß die Menschheit ihr Ende durch Selbstmord herbeiführt? Selbst wenn wir eine solche Irrtat noch einmal deinem Gericht überlassen müßten, so wäre dieser globale Selbstmord – verursacht durch wenige, die für alle verantwortlich sind – doch objektiv die äußerste Sünde, der globale Widerspruch zu deinem Schöpferwillen, der will, daß wir seien und unsere uns auferlegte Existenz als Gabe einer unermeßlichen Liebe entgegennehmen.

O Gott, dieser Suizid wäre zwar unsere Tat, die du weit von dir abweisen könntest. Aber unsere Freiheit samt ihrer Kurzsichtigkeit und Verblendung, samt allem Massenwahn, samt aller Hybris, die mit den äußersten Möglichkeiten spielt, liegt doch nochmals in der souveränen Macht deiner eigenen Freiheit, deiner grundlosen Verfügung. Gestatte, du Gott der Erbarmungen, daß diese erbarmungswürdig kleine Kreatur doch an deine eigene Verantwortung appelliert. Es ist nur zu wahr, daß wir selbst alles tun müssen, was möglich ist, um den atomaren Selbstmord der Menschheit als Wirklichkeit und (beinahe noch wichtiger!) schon als Möglichkeit zu verhindern, ohne uns der fatalen Rabulistik des Friedens durch atomares Gleichgewicht des Schreckens zu ergeben, ohne zu meinen, man könnte dem letzten Schrecken entgehen durch bloße rationale Verhandlungen zwischen zwei gleichstarken Egoismen, ohne den Mut zur Torheit der Bergpredigt und der Liebe deines Sohnes am Kreuz.

Aber dennoch, Gott des Erbarmens, rufe ich dich und dein Erbarmen an. Wenn du willst, vernichte uns und ende die schmutzig-sündige Geschichte der Menschheit. Aber hast du diese Geschichte durch Millionen von Jahren nur anlaufen lassen, um sie zwei Jahrtausende nach der Versöhnung der Welt am Kreuz deines Sohnes zu beenden, obwohl wir meinen können, sie fange jetzt erst recht an im Lichte deines Evangeliums? Laß die Menschheit noch leben, sie kann dir noch auf ganz neue Weise danken für deine große Herrlichkeit.

Gib darum allen Menschen überall den Mut und die Tapferkeit, einzutreten für den Frieden und für eine wirkliche Abrüstung. Gib der Kirche den Mut, nicht weise zu lehren, wie man die Egoismen der Menschen untereinander schlau versöhnen könne, sondern wie man für selbstlose Gerechtigkeit und mit der Torheit des Kreuzes für den Frieden eintreten muß und kann. Kehre das Herz der Mächtigen um, damit sie nicht lügnerisch Machtstreben für berechtigte Selbstverteidigung ausgeben, nicht sich und andere täuschen, indem sie sagen, sie dienten dem Frieden durch immer höher vorangetriebene Aufrüstung. Und schließlich: Lehre uns, in unserem eigenen Leben selbstlos den Frieden zu fördern.

Gebet für geistig Schaffende

Ewiger Gott, Schöpfer aller Menschen und aller Dinge, der unsichtbaren und der sichtbaren, Gott aller Geschichte, Herr und Ziel, Kraft und Licht aller Kultur, wir bringen heute unsere Fürbitte dar für alle Kulturschaffenden.

Herr, wer betet schon für sie? Und doch wissen wir: Du willst ihr Ziel und ihre schöpferische Kraft, ihre Arbeit und ihr Werk. Denn du willst den Menschen in der ganzen, immer neuen Entfaltung seines Wesens, du willst den Menschen, der sein eigenes Werk ist. Du liebst den Menschen, der an seinem Werk sein eigenes Wesen verwirklicht, findet und aussagt, das Wesen, das ein Bild und Gleichnis deiner eigenen Herrlichkeit ist. Was sie nach deinem Willen sein sollen, können sie nur sein mit deiner Gnade, Vater der Dichter, urewiger Ursprung allen Lichtes, Geist aller wahren Inspiration.

Darum also bitten wir dich und rufen deinen heiligen Geist auf sie herab: erwecke unter uns Menschen schöpferischer Kraft, Denker, Dichter, Künstler. Wir brauchen sie. Auch von ihnen gilt noch das Wort, daß der Mensch mit dem Brot des Leibes allein verhungert, wenn ihm das Wort aus deinem Munde nicht Nahrung wird. Gib diesen jungen Menschen den Mut, ihrer Berufung zu gehorchen, die Last und den Schmerz solchen Rufes zu tragen, den Auftrag nicht zu verraten an die Sucht nach Geld und den billigen Beifall der Oberflächlichen, die bloß zerstreut werden wollen. Wenn sie im Wort und im Gebilde, im Ton und in der Gebärde sagen, was im Menschen ist, weil sie künden, was sie selbst erfahren, dann laß sie *alles* sagen: Gib ihnen die Erfahrung, daß der Mensch nicht nur die versperrte Hölle seiner eigenen Nichtigkeit ist, sondern auch das schöne, gesegnete Land, über dem der Himmel deiner eigenen Unendlichkeit und Freiheit steht. Sie brauchen dich nicht immer im Munde zu führen: sie sollen dich beim Namen nur nennen, wenn der Atem der reinsten Seligkeit oder der letzten Schmerzen sie erfüllt. Sonst sollen sie dich mit Schweigen ehren. Sonst sollen sie die Erde und den Menschen rühmen. Aber sie sollen dabei immer verschwiegen dich in dem Herzen tragen, aus dem ihr Werk entspringt. Dann ist das kleinste Lied noch ein Widerklang des Jubels deiner Himmel, und ihr Bericht über die finstersten Abgründe noch umfaßt von deinem Erbarmen und einer Sehnsucht nach dem Licht, der Gerechtigkeit und nach der ewigen Liebe. Dann ist sogar der Versuch zu unterhalten noch ein Abglanz der sanften Geduld, mit der du uns Alltägliche liebst.

Gib ihnen den Mut zum Licht und zur Freude. In der Finsternis dieser Zeit, bei der kargen Armut unserer Herzen ist solcher Mut deine Gnade. Aber gib sie ihnen, denn wir bedürfen solchen hohen Mutes. Gib ihnen den Mut der Unterscheidung und der Entscheidung. Sie sollen nicht viel vernünfteln. Aber ihre Werke sollen erkennen lassen, daß ein ungeteiltes Herz sie geschaffen hat, das, allem offen, doch in allem dich sucht und alles in dir, und keinen feigen Frieden kennt zwischen dem Guten und dem Bösen, dem Lichten und dem Finstern. Gib ihnen den Mut zu immer neuem Anfang, weil sie nur so ihren Ursprung finden in dem uralten Wahren. Laß sie sagen, was *dein* Geist ihnen ins Herz gegeben hat, nicht das, was *die* Mächte hören wollen, in denen das Durchschnittliche sich zusammenballt. Wenn sie die Erfahrung der Vergeblichkeit machen, des Brechens ihres Schöpfertums und der Unempfänglichkeit ihrer Zeit, laß sie auch dann noch glauben, daß vor dir die Vergeblichkeit nicht vergebens ist, daß *du* mit Entzücken ihr Werk gesehen und ihr brechendes Herz milde an deines genommen hast.

Dein ewiges Wort, der Glanz deines Wesens und das Abbild deiner Herrlichkeit, ist selber in unser Fleisch gekommen, hat alles Menschliche als *seine* Wirklichkeit angenommen, hat – urmächtiger und verliebter als jeder andere Schöpferische in das Werk seiner Hände – sein eigenes Herz selbst in die Mitte des Gebildes seiner Hand gesetzt, damit der Mensch selbst die Aussage und das Bild deiner Herrlichkeit sei. Und darum ist, ob man es weiß oder nicht, alles Kulturschaffen ein Stück von deines Wortes eigener Geschichte geworden, weil alles seine eigene Welt geworden ist, in die es kam, um sie mitzuerleben, mitzuleiden und mit sich zu verklären, und ohne die dieses dein Wort in Ewigkeit nie mehr sein wird. Laß die, für die wir bitten, dieses begreifen. Was sie schaffen, ist unerbittlich entweder ein Stück des Kreuzes, daran man schuldigwerdend deinen Sohn schlägt, und so ihr Gericht, oder ein Teil des Kommens des ewigen Reiches dieses Sohnes und also ihre Gnade. Denn dieses Reich kommt nicht nur von außen als Ende und Gericht dieser Welt. Es kommt als die geheime Gnade aus der Mitte dieser irdischen Wirklichkeit, seitdem dein eigenes Wort, absteigend in seine Schöpfung, das Herz aller Dinge geworden ist. Darum kann und muß alles, was sie schaffen, eine Verheißung sein, daß dein ewiges Reich am Kommen ist, das Reich der Wahrheit und der Liebe, das Reich der Verklärung des ungeteilten Menschen aus Leib und Seele, Erde und Himmel. Darum verleihe auch ihnen, daß sie Künder und Mehrer dieses Reiches seien, in das – verwandelt und verklärt – alles auf ewig gerettet wird, was der Mensch als Teilhaber an deiner schöpferischen Macht gebildet hat. Der Geist deines Sohnes komme über sie, damit dein Name gepriesen sei jetzt in dieser Zeit und in die Ewigkeit der Ewigkeiten. Amen.

Maria

Heilige Jungfrau, wahrhaft Mutter des ewigen Wortes, das in unser Fleisch und Schicksal gekommen ist, Frau, die du im Glauben und in deinem gebenedeiten Sohn unser aller Heil empfangen hast, Mutter darum aller Erlösten, immer Lebende im Leben Gottes, uns nahe, weil uns die Gottvereinten am nächsten sind.

Wir preisen im Dank der Erlösten das ewige Erbarmen Gottes, das dich erlöst hat. Als du anfingst zu sein, war dir schon die heiligende Gnade zuvorgekommen, und diese reuelose Gnade hat dich nie mehr entrinnen lassen. Du gingst den Weg aller Kinder dieser Erde, die engen Pfade, die so ziellos sich durch diese Zeit zu winden scheinen, die Wege der Gewöhnlichkeit und der Schmerzen bis zum Tod. Aber es waren die Wege Gottes, die Pfade des Glaubens und des bedingungslosen „Mir geschehe nach deinem Worte". In einem Augenblick, der nie mehr untergeht, sondern gültig bleibt in alle Ewigkeit, wurde dein Wort das Wort der Menschheit und dein Ja zum Amen aller Schöpfung auf das Ja Gottes. Und du empfingst im Glauben und in deinem Schoße den, der Gott und Mensch, Schöpfer und Geschöpf, wandellose, schicksallose Seligkeit und bitteres, todgeweihtes Schicksal dieser Erde zugleich ist: Jesus Christus, unsern Herrn. Zu unserm Heil hast du ja gesagt. Für uns hast du dieses Fiat gesprochen als eine Frau aus unserem eigenen Geschlecht. Für uns hast du den entgegengenommen und in deinem Schoß und in deiner Liebe geborgen, in dessen Namen allein im Himmel und auf Erden Heil ist. Dein Ja ist immer geblieben. Es ist nie zurückgenommen worden – auch dann nicht, als es offenbar wurde in der Geschichte des Lebens und des Todes deines Sohnes, wer der wirklich war, den du empfingst: Er war das Lamm Gottes, das die Sünden der Welt auf sich nahm. Er war der Menschensohn, den der Gotteshaß unseres sündigen Geschlechts ans Kreuz schlug. Er war das Licht der Welt, das die Menschen dieser Welt in die Finsternis des Todes stießen, die unser eigenes Los war. Du, heilige Jungfrau, standest unter dem Kreuz des Erlösers, dem wahren Baum der Erkenntnis des Guten und des Bösen, dem wahren Baum des Lebens, als zweite Eva und Mutter der Lebendigen. In dir stand die erlöste Menschheit, die Kirche, unter dem Kreuz der

Welt und empfing die Frucht der Erlösung und des ewigen Heiles.

Hier nun, Jungfrau und Mutter, ist eine Gemeinde der Erlösten und Getauften versammelt. In dieser Gemeinde, in der die Gemeinschaft aller Heiligen sichtbar und greifbar wird, bitten wir dich um deine Fürbitte. Denn die Gemeinschaft der Heiligen umfaßt die Irdischen und die Vollendeten: in ihr lebt keiner sich allein. Und darum auch du nicht. Darum bittest du für alle, die als erlöste Brüder und Schwestern mit dir in dieser Gemeinschaft verbunden sind. Darum vertrauen wir und bitten dich um deine mächtige Fürbitte, die du selbst denen nicht verweigerst, die dich nicht kennen. Du bittest für uns um die Gnade, daß wir wahrhaft Christen seien: erlöst und getauft; immer mehr anverwandelt dem Leben und Sterben unseres Herrn; lebend in der Kirche und ihrem Geist; Anbeter Gottes im Geist und in der Wahrheit; Zeugen des Heils durch unser Leben in allen seinen Bereichen; rein und zuchtvoll, wahrhaftig und nach Wahrheit in allem suchend; tapfer und demütig in der Vorbereitung oder Erfüllung des Berufes, der uns eine heilige Berufung Gottes ist; Kinder Gottes, fröhlich und zuversichtlich, bauend auf den Herrn aller Zeiten, heute und immerdar.

Wir weihen uns dir, heilige Jungfrau und Mutter, weil wir dir geweiht sind. So wie wir nicht nur auf den Eckstein Jesus Christus aufgebaut sind, sondern auch auf dem Fundament der Apostel und Propheten, so ist unser Leben und unser Heil bleibend von deinem Ja, deinem Glauben und der Frucht deines Leibes abhängig. Wenn wir daher sagen, daß wir dir geweiht sein wollen, dann bekennen wir nur, daß wir sein wollen und daß wir in Geist und Herz und Tat des inneren und äußeren Menschen aufnehmen wollen, was wir *sind*. Mit solcher Weihe machen wir nur den Versuch, mit unserer eigenen Lebensgeschichte der Heilsgeschichte nachzukommen, die Gott gewirkt und in der er schon über uns verfügt hat. Wir kommen zu dir, weil unser Heil in dir geschah und von dir empfangen wurde. Weil wir so dir geweiht sind und dir uns weihen, so zeige uns, den Eingeweihten in deine Gnade, Jesus, die gebenedeite Frucht deines Leibes. Zeige uns Jesus, den Herrn und Erlöser, das Licht der Wahrheit und den Advent Gottes in dieser Zeit. Zeige uns Jesus, der wahrhaft gelitten hat und wahrhaft auferstanden ist. Zeige uns Jesus, der des Vaters Sohn ist und der Sohn der Erde, weil er dein Sohn ward. Zeige uns den, in dem wir wahrhaft befreit sind von allen Mächten und Gewalten, die sonst noch unter dem Himmel sind, befreit, selbst wenn der irdische Mensch ihnen untertan bleibt. Zeige uns Jesus, gestern, heute und in Ewigkeit.

Gegrüßt seist du, Maria, voll der Gnade, der Herr ist mit dir. Du bist gebenedeit unter den Frauen. Und gebenedeit ist die Frucht deines Leibes: Jesus. Amen.

Zum heiligen Thomas von Aquin

Heiliger Thomas von Aquin, zunächst muß ich dir gestehen – ich könnte es allen Heiligen gegenüber tun –, daß es mir ein wenig schwerfällt, einen einzelnen Heiligen in der schweigenden Unermeßlichkeit Gottes zu suchen und anzureden. Aber vielleicht ist das, was einem schwerfällt, gerade das Richtige!

So bitte ich dich (in der traditionellen Formulierung, über deren genaueren Sinn ich jetzt nicht grübeln will): Schenke mir deine Fürsprache bei Gott, da alle Heiligen für alle anderen Heiligen da sind, zu denen auch die armen Sünder wie ich gehören – schenke mir deine Fürsprache, daß ich wenigstens von ferne dir ein wenig ähnlich werde: sachlich und nüchtern, mit dem Mut, zuerst einmal zu denken, bevor feurige Reden gehalten werden; kirchlich, aber nicht klerikal (du weißt wohl, was ich meine).

Und dann leg noch für zwei Dinge Fürsprache ein: Jetzt tust du eigentlich nichts, als dein „Adoro Te devote, latens Deitas" zu beten, denn jetzt siehst du die Unbegreiflichkeit Gottes, und sie ist nicht mehr nur ein theoretisches Wort deines hohen Geistes, und der Akt deiner verstummenden Anbetung wird von dir nochmals in seiner lauteren Herkünftigkeit aus der schöpferischen Macht Gottes erfahren, so daß er sich über dieser seiner Gewirktheit durch Gott selber nochmals vergißt und gerade so sich selber hat. Wenn ich Theologie treibe oder predige, mit Menschen über Gott rede (welch heilige Qual), dann möge das alles durchdrungen sein (ein wenig zumindest, bitte) von dem Bewußtsein von dem heiligen Geheimnis, das Gott heißt, und von dem du immer gesagt hast, daß es in alle Ewigkeit immer seliger aufgehe als das angebetete, geliebte Geheimnis, heilig und uns von unserer eigenen Enge erlösend.

Und dann: du hast zu deinem Freund Reginald gesagt: Stroh ist, was ich geschrieben habe. Du bist bescheiden gewesen und hast das Stroh nur von dem gesagt, was du selbst geschrieben hast. Aber du kannst nicht leugnen, daß dieses Wort eigentlich von allem gilt, was Menschen von Gott sagen können, und daß, wenn man dies merkt, es der Anfang und die Verheißung des ewigen Lebens ist, in dem Gott ohne Menschenworte die Unersättlichkeit des Geistes stillt, die aus der Gnade Gottes stammt.

Gott der Lebendigen

Meiner Toten will ich vor dir gedenken, Herr, aller derer, die einmal zu mir gehörten und von mir gegangen sind. Ihrer sind viele, so viele, daß ich sie gar nicht mit einem Blick überschauen kann, sondern in der Erinnerung meinen Lebensweg noch einmal entlang gehen muß, wenn meine Trauer sie alle grüßen will. Wenn ich so tue, dann ist mir, wie wenn auf der Straße meines Lebens ein Zug von Menschen marschierte und jeden Augenblick sich ohne Abschiednehmen und schweigend einer aus diesem Zuge herauslöste und vom Wege abbiegend sich verlöre im Dunkel der Nacht. Kleiner und kleiner wird mein Zug, denn nur scheinbar treten immer neue Menschen auf meinen Lebensweg, um mitzuziehen. Viele ziehen zwar dieselbe Straße, aber – eigentlich *mit* mir doch nur wenige. Denn *mit* mir pilgern doch eigentlich nur, die einst gemeinsam mit mir aufbrachen, die schon dabei waren, als ich meinen Weg zu dir, mein Gott, begann, die meinem Herzen ganz nahe waren und sind. Die andern sind Wegkameraden auf dem gleichen Weg, und deren gibt es viele: man grüßt sich und hilft sich. Und immer neue kommen hinzu und gehen wieder. Aber der eigentliche Zug meines Lebens, gebildet von denen, die sich lieben, der wird immer kleiner und stiller, bis auch ich einmal schweigend vom Wege abbiege und ohne Abschied und Wiederkunft dahingehe.

Darum ist mein Herz bei ihnen, die so schon fortgegangen sind von mir. Es gibt keinen Ersatz für sie, keinen anderen Menschen, der solch eine Schar wirklich sich Liebender wieder auffüllen könnte, wenn einer aus ihr plötzlich und unerwartet nicht mehr ist. Denn in der wahren Liebe kann keiner den andern ersetzen. Denn wahre Liebe liebt den andern in jener Tiefe, in der jeder nur er selber ist. Darum hat jeder der Dahingegangenen ein Stück meines Herzens mitgenommen, ja so oft mein ganzes Herz, als der Tod durch mein Leben hindurchgeschritten ist. Wer wirklich geliebt hat und liebt, dessen Leben wandelt sich schon vor seinem Sterben in ein Leben mit den Toten. Denn könnte der Liebende seiner Toten vergessen? Und wenn einer wirklich geliebt hat, dann ist sein „Vergessen" und sein „Ausgeweinthaben" nicht das

Zeichen des Wiedergetröstetseins, sondern der Endgültigkeit seiner Trauer, das Zeichen dafür, daß ein Stück des eigenen Herzens wirklich mitgestorben und nun lebendig tot ist und *darum* nicht mehr klagen kann.

So lebe ich mit den Toten, mit jenen, die mit vorausgegangen sind in die dunkle Nacht des Todes, da niemand mehr wirken kann.

Aber wie soll ich mit den Toten leben können, leben in der einen Wirklichkeit meiner und ihrer Liebe? Gib mir Antwort, du, mein Gott, der du dich einen Gott der Lebendigen und nicht der Toten genannt hast! Wie soll ich mit ihnen leben? Was nützt mir, wenn ich sage – ach, Herr, und die Philosophen mir sogar beweisen –, daß sie noch sind und daß sie weiterleben? Sind sie bei *mir?* Weil ich die Toten liebte und immer noch liebe, muß ich bei *ihnen* sein. Aber sind sie auch bei *mir?* Sie sind doch fortgegangen, sie schweigen. Kein Wort von ihnen dringt mehr an mein Ohr, keine milde Güte ihrer Liebe erfüllt mehr mein Herz. Wie sind doch die Toten so stille, wie sind die Toten doch so – tot! Wollen sie denn, daß ich sie vergesse, wie man einen vergißt, mit dem man zufällig auf der Reise zusammentraf und ein paar gleichgültige Worte wechselte? Wenn denen, die in deiner Liebe von hinnen schieden, das Leben nicht genommen, sondern in ewiges, grenzenloses, übervolles Leben verwandelt wird, darum sind sie dann für mich, als ob sie nicht mehr wären? Ist das Licht, dein Licht, mein Gott, in das sie eingegangen sind, so schwach, daß es nicht bis zu mir herunterdringen kann? Können sie nur bei dir sein, indem auch ihre Liebe, nicht bloß ihr Leib, mich verläßt? Meine Frage kehrt sich von ihnen zu dir, o Gott, der du der Gott der Lebendigen und nicht der Toten genannt sein willst.

Wie aber soll ich dich fragen? Du schweigst ja ebenso wie die Toten. Ich liebe ja auch dich, wie ich meine Toten liebe, die fernen und schweigenden, die in die Nacht eingegangen. Gibst denn *du* meiner Liebe vernehmliche Antwort, wenn sie dich ruft und bittet um ein Zeichen, daß deine Liebe zu mir lebt und bei mir ist? Kann ich meine Toten anklagen, wenn ihr Schweigen nur das Echo *deines* Schweigens ist? Oder ist dein *Schweigen* deine Antwort auf meine Klage über ihr *Schweigen?*

So muß es wohl sein, weil du die letzte, wenn auch unbegreifliche Antwort auf alle Fragen meines Herzens bist. Warum *du* schweigst, das weiß ich: Deine Stille ist der grenzenlose Raum, worin allein meine Liebe die Tat des Glaubens an deine Liebe zu wirken vermag. Wäre in dieses irdische Leben hinein deine Liebe zu mir schon offenbar geworden, indem mir schon kund wäre, was ich bin: geliebt von dir, wie könnte ich dir dann den wagenden Mut und die Treue meiner Liebe beweisen, wie könnten diese überhaupt sein, wie könnte ich mich in der Ekstase des Glaubens und der Liebe aus dieser Welt hinausglauben und hinauslieben in deine Welt, in dein Herz hinein? Damit sich meine Liebe im Glauben enthülle, hat sich deine Liebe in die Stille deines Schweigens verhüllt. Damit ich dich finde, hast du mich verlassen. Denn wärest du bei mir, fände ich auf der Suche nach dir immer nur mich. Ich muß ausgehen von mir, soll ich dort dich finden, wo du – du selbst sein kannst. Weil deine Liebe unendlich ist, kann sie nur in deiner Unendlichkeit wohnen, und weil du mir deine unendliche Liebe zeigen willst, hast du sie mir in meiner Endlichkeit verborgen und rufst mich aus ihr heraus. Und mein Glaube an dich ist nichts anderes als der dunkle Weg in der Nacht zwischen dem verlassenen Haus meines Lebens mit seinen kleinen, dürftig erhellten Kammern und dem Licht deines ewigen Lebens. Dein Schweigen in dieser irdischen Zeit ist nichts denn die irdische Erscheinung des ewigen Wortes deiner Liebe.

So ahmen also meine Toten dein Schweigen nach: Weil sie in dein Leben eingegangen sind, bleiben sie mir verborgen. Weil die Worte ihrer Liebe zu mir verschmolzen sind mit dem Jubel deiner unendlichen Liebe, dringen sie nicht an mein Ohr. Sie leben die Grenzenlosigkeit deines Lebens und deiner Liebe mit, darum geht ihre Liebe und ihr Leben nicht mehr ein in die engen Räume dessen, was ich mein Leben und meine Liebe nenne. *Ich* lebe ein sterbendes Leben – prolixitas mortis nennt deine Kirche dieses Leben –, darum erfahre ich nichts von ihrem ewigen Leben, das keinen Tod kennt.

Aber gerade so leben sie auch für mich. Denn ihr Schweigen ist ihr lautester Ruf, weil es das Echo deines Schweigens ist, der Gleichklang mit deinem Wort, das zu uns spricht, indem es gegen das laute Lärmen unseres Getriebes und gegen die ängstlichen, hastigen Beteuerungen, mit denen wir Menschen uns unserer gegenseitigen Liebe versichern, uns und all unsere Worte einhüllt in sein Schweigen. *So* ruft dein Wort uns in dein Leben hinein, *so* befiehlst du uns, in der Tat der

Liebe, die der wagende Glaube ist, von uns zu lassen, um ewigen Grund in deinem Leben zu finden. Und gerade so ruft und befiehlt auch das Schweigen meiner Toten, die in deinem Leben leben und darum dein Wort an mich mitsprechen, du Gott des Lebens, das weit ist von meinem Sterben. Weil sie leben, darum schweigen sie, wie unser lautes Reden uns vergessen machen soll, daß wir Sterbende sind. Und ihr Schweigen ist das Wort ihrer Liebe zu mir, das Wort ihrer Liebe an mich.

Stiller Gott, Gott der stillen Toten, lebendiger Gott der Lebendigen, Rufer durch Schweigen, Gott derer, die durch ihr Schweigen mich in dein Leben hineinrufen wollen, laß mich meine Toten, meine Lebendigen nicht vergessen. Meine Liebe zu ihnen, meine Treue zu ihnen sei Beweis meines Glaubens an dich, Gott des ewigen Lebens. Laß mich ihr Schweigen nicht überhören, das Schweigen, das das innigste Wort ihrer Liebe ist. Dieses ihr innigstes Wort begleite mich, wenn sie darum von mir scheiden, damit ihre Liebe, eingehend in dich, mir am nächsten sei. Seele, vergiß nicht der Toten. Sie leben. Sie leben dein eigenes Leben, das dir noch verborgen ist, schleierlos im ewigen Licht. Deine Lebendigen, Gott der Lebendigen, mögen mich Toten nicht vergessen. Gewähre ihnen, Gott, der du ihnen schon alles, dich selbst gewährt hast, auch dies, daß ihr Schweigen zum beredtesten Wort ihrer Liebe zu mir werde, zum Wort, das auch meine Liebe zu ihnen heimgeleitet in ihr Leben und ihr Licht. Wenn mein Leben ist und immer mehr wird ein Leben mit den Toten, die mir vorausgegangen sind in die dunkle

Nacht des Todes, da niemand mehr wirken kann, dann werde es durch deine Gnade immer mehr ein Leben des Glaubens an dein Licht in der Nacht meines Lebens. Dann lebe ich mit den Lebendigen, die mir vorausgegangen sind im Zeichen des Glaubens, hinein in den lichten Tag des Lebens, da niemand mehr wirken muß, weil du dieser Tag selber bist, du Fülle aller Wirklichkeit, du Gott der Lebendigen. Wenn ich spreche: Herr, gib ihnen die ewige Ruhe und das ewige Licht leuchte ihnen, dann sei mein Gebet nur der Widerhall des Wortes der Liebe, das *sie* selbst in der Stille ihrer Ewigkeit für mich sprechen: Herr, gib ihm, den wir in deiner Liebe lieben wie noch nie, gib du ihm nach seines Lebens Kampf die ewige Ruhe, und dein ewiges Licht leuchte auch ihm wie uns. Seele, vergiß nicht der Toten. Gott aller Lebendigen, vergiß nicht mich Toten, damit du einmal auch mein Leben seist.

Gott, der da kommen soll

Siehe, es ist wieder Advent geworden im Jahr deiner Kirche, mein Gott. Wieder beten wir die Gebete der Sehnsucht und des Harrens, die Lieder der Hoffnung und der Verheißung. Und immer wieder ballt sich alle Not und alle Sehnsucht und gläubige Erwartung in das Wort zusammen: Komm! O seltsames Beten: Du bist doch schon gekommen und hast dein Zelt unter uns aufgeschlagen, du hast unser Leben geteilt mit seinen kleinen Freuden, seinem langen Alltag und seinem bitteren Ende. Konnten wir dich mit unserem „Komm" zu mehr einladen als dazu? Konntest du uns durch dein Kommen näherkommen als dadurch, daß du so sehr in unsere Gewöhnlichkeiten eingingst, daß wir dich fast nicht mehr aus den anderen Menschen herausfinden, Gott, der du dich den Menschensohn genannt hast? Und doch beten wir: Komm. Und doch kommt uns dieses Wort noch ebenso von Herzen wie einst den Erzvätern, Königen und Sehern, die deinen Tag nur von ferne sahen und ihn segneten. Feiern wir bloß Advent, oder ist noch immer Advent? Bist du denn schon wirklich gekommen? Du selber, so wie wir dich meinten, wenn wir den herbeisehnten, der da kommen soll, den starken Gott, den Vater der Zukunft, den Friedensfürsten, das Licht und die Wahrheit und das ewige Glück? Auf den ersten Seiten der Heiligen Schrift ist dein Kommen schon verheißen, und doch steht noch auf ihrem letzten Blatt, dem nie mehr wird eines hinzugefügt werden, das Gebet: Komm, Herr Jesus!

Bist du der ewige Advent, der immer kommen soll, und nie so kommt, daß alle Erwartung Erfüllung wird? Bist du der uneinholbar Ferne, dem alle Zeiten und Geschlechter, alle Sehnsüchte der Herzen entgegenpilgern auf Straßen, die nie enden, bist du nur der ferne Horizont rings um das Land unserer Taten und Leiden, der immer gleich ferne bleibt, wohin man auch wandern mag? Bist du nur das ewige Heute, das, allem gleich nahe und allem fern, alle Zeiten und allen Wechsel gleichmütig in sich einschließt? Willst du gar nicht kommen, weil du noch besitzest, was wir gestern waren und heute nicht mehr sind, und unsere fernste Zukunft schon urewig überholt hast? Weichest du nicht immer in die unermeßlichen Weiten, die du mit deiner Wirklichkeit erfüllst, vor uns um das Doppelte des Weges zurück, den wir mit blutenden Füßen zu deiner Ewigkeit hin durchwandert haben? Ist die Menschheit dir nähergekommen, seit sie sich vor tausend und abertausend Jahren aufmachte zu ihrem süßesten und furchtbarsten Wagnis, dich zu suchen? Bin ich in meinem Leben dir schon nähergekommen, oder ist alle erkämpfte Nähe am Ende doch nur die größere Bitterkeit, mit der deine Ferne meine Seele tränkt? Müssen wir dir immer ferne bleiben, weil etwa du, Unermeßlicher, uns immer nahe bist und darum kein Verlangen hast, zu uns erst noch zu kommen?

Du sagst mir, *du* seiest wirklich schon gekommen: Jesus, Mariens Sohn, sei dein Name, und ich wüßte, an welchem Ort und in welcher Zeit ich dich finden könnte. Herr, verzeih mir: aber dieses dein Kommen ist eher ein Gehen zu nennen. Du hast dich in Knechtsgestalt gehüllt und, erfunden wie einer aus uns, bist du, ein verborgener Gott, still und unauffällig wie irgendwer in unsere Reihen eingetreten und bist mit uns gezogen, die wir eigentlich immer am Gehen sind und nie am Kommen, weil alles, was wir erreichen, nur dazu ist, daß wir das Letzte erlangen: das Ende. Wir rufen doch: komm, komm du, der nie geht, weil dein Tag keinen Abend hat und deine Wirklichkeit kein Ende kennt, komm du selbst, weil wir selber immer nur den Gang zum Ende machen. Wir rufen dich, weil wir an uns verzweifeln – dann am meisten, wenn wir ganz ruhig und gefaßt uns in unsere Endlichkeit weise bescheiden. Wir haben nach deiner Unendlichkeit gerufen, haben nur noch von dem Kommen deiner Unendlichkeit für uns ein unendliches Leben erhofft. Denn wir Menschen – wenigstens die, denen du die letzte Weisheit dieses Lebens geschenkt hast – haben gelernt, daß es umsonst war, was wir versuchten: Gehetzt von der würgenden Angst unserer Ohnmacht und Vergänglichkeit, aus eigener Kraft in immer neuen Weisen diesem unserem Wesen zu entrinnen, auf tausend Wegen eines Ewigen habhaft zu werden. Weil wir uns nicht helfen können, uns nicht erlösen können von uns selbst, darum haben wir *deine* Wirklichkeit und *deine* Wahrheit, die Fülle deines Lebens auf uns herabgerufen, darum haben wir appelliert an deine Weisheit und deine Gerechtigkeit, deine Güte und dein Erbarmen, auf daß du selbst kommest, alle Schranken unserer Endlichkeit niederreißest, aus Armut Reichtum, Ewigkeit aus unserer Zeitlichkeit machest. Und du hast uns verheißen, daß du kommen werdest, und du bist gekommen. Aber wie bist du gekommen, was hast du getan? Du hast ein Menschenleben angenommen und zu deinem Leben gemacht, in allem uns gleich: geboren aus dem Weibe, gelitten unter Pontius Pilatus, gekreuzigt, gestorben und begraben. Du hast ergriffen, was wir fliehen, hast angefangen, was nach unserer Meinung durch dein Kommen doch enden sollte: unser Leben, das Ohnmacht, innerste Endlichkeit und Tod ist. Gerade dieses Menschenwesen hast du ergriffen, nicht um es zu verwandeln, es auszutilgen oder es sichtbar und greifbar zu verklären und zu vergöttlichen, oder um es wenigstens bis zum Brechen mit den Gütern zu erfüllen, die die Menschen dem kleinen und steinigen Akker ihrer Zeitlichkeit als ihre Ewigkeit nur spärlich und mühselig abzuringen vermögen. Du hast unser Leben zu deinem gemacht, unser Leben, so wie es ist. Du hast es wie unseres verrinnen lassen auf dieser Erde. Du hast es behutsam angefaßt, damit ja kein Tropfen seiner Qual und seiner lastenden Enge verschüttet werde, bevor du nicht alles durchlitten habest. Auch über dein Leben ging hinweg die grausam unerbittliche Walze von blinder Natur und hellsichtiger Menschenbosheit. Und wenn dein Menschenleben aufschaute zu dem, den es in lauterster Wahrheit und in inbrünstiger Liebe Vater nannte, dann blickte es, wie wir, empor zu dem Gott der unerforschlichen Wege und der unbegreiflichen Gerichte, der den Kelch reicht oder vorübergehen läßt nach seinem Willen. Und in alle Ewigkeit führt kein Warum hinter diesen Willen zurück, der hätte anders können und doch das gewollt hat, was uns unbegreiflich ist. Du solltest kommen, uns von uns selbst erlösen, und du, auch du noch, einzig Freier und Grenzenloser, bist noch „geworden – wie wir". Und wenn ich auch weiß, daß du bliebst, der du warst – graute dir nicht vor unserer Sterblichkeit, du Unsterblicher, dir Weitem nicht vor unserer Enge, dir Wahrem nicht vor unserem Schein? Hast du dich nicht selbst an die Kreatur gekreuzigt, indem du selbst als dein eigenes Leben annahmst, ganz nahe und ganz zu eigen, was du vorher nur in ewigen Fernen wie als den dunklen, nichtigen Hintergrund für dein unnahbares Licht ausgebreitet hattest? Ist das Kreuz von Golgotha nicht nur

die Sichtbarkeit des Kreuzes, das von dir selbst dir
bereitet durch ewige Räume ragt?

Ist das dein Kommen, haben die Menschen
dazu die unermeßliche Geschichte zu einem einzigen großen Adventschor gemacht – in ihm ruft ja
selbst der noch, der dich lästert –, zu einem einzigen Ruf nach dir und deinem Kommen? Ist unser
Unglück von uns genommen, weil auch du geweint hast? Ist die Ergebung in unsere Endlichkeit
deshalb nicht mehr die schrecklichste Form unserer Verzweiflung, weil du das Wort der Ergebung
in deiner Menschwerdung mitgesprochen hast?
Hat unser Weg, der nicht enden will, darum ein
selig Ende, weil du mit uns ziehst? Aber wie und
warum kann das so sein? Wie kann unser Leben,
weil es deines geworden ist, die Erlösung von unserem Leben sein? Wie kannst du, selbst unter das
Gesetz geraten, dadurch uns vom Gesetz loskau-
fen (Gal 4, 5)? Ist meine Ergebung in mein Leben
Anfang und Erlösung von seiner lastenden Enge,
weil diese Ergebung das Amen zu deinem Menschenleben geworden ist, das Ja zu deinem Kommen, dessen Weise wider alle meine Erwartung
ist? Aber was nützt es mir, wenn mein Schicksal
jetzt Teilnahme an deinem ist, wenn du ja nur
meines zu deinem machtest? Oder hast du mein
Leben nur zum *Anfang* deines Kommens gemacht,
zum Anfang deines Lebens?

Langsam verstehe ich wieder, was ich immer
schon weiß: Du bist noch immer im Kommen,
und dein Erscheinen in der Knechtsgestalt ist der
Anfang deines Kommens zur Erlösung von der
Knechtschaft, die du annahmst. Wege, die du
gehst, haben ein Ende, Engen, in die du eingehst,

werden weit, das Kreuz, das du trägst, wird zum Zeichen des Sieges. Du bist eigentlich nicht gekommen, du bist noch am Kommen: Von deiner Menschwerdung bis zur Vollendung dieser Zeit ist nur ein Augenblick – und wenn auch Jahrtausende durch ihn hindurchgehen, um, von dir gesegnet, ein Teilchen dieses Augenblicks zu werden –, der eine Augenblick deiner einen Tat, die in deinem Menschenleben und seinem Geschick uns alle und unser ganzes Schicksal ergreift und uns heimholt in die ewigen Weiten des Lebens Gottes. Weil du zu dieser deiner letzten Tat in deiner Schöpfung angehoben hast, darum kann im letzten nichts Neues in dieser Zeit sich mehr ereignen, sondern stehen im tiefsten Grund der Dinge schon jetzt alle Zeiten still, „ist über uns das Ende der Jahrtausende hereingebrochen" (1 Kor 10, 11), ist nur noch eine einzige Zeit in dieser Welt: dein Advent. Und wenn dieser letzte Tag zu Ende geht, ist keine Zeit mehr, sondern du in deiner Ewigkeit. Wenn die Taten zeitigen, und nicht die Zeit die Dinge und die Wirklichkeiten dauern macht, wenn nur eine neue Wirklichkeit eine neue Zeit heraufführt, dann ist mit deiner Menschwerdung eine neue und die letzte Zeit angebrochen. Denn was könnte noch kommen, was diese Zeit nicht schon in ihrem Schoße trägt? Daß wir deiner teilhaftig werden? Ja, aber eben dies ist geschehen, da du an unserer Menschennatur dich würdigtest teilzuhaben. Man sagt, du werdest wiederkommen. Das ist wahr. Aber es ist eigentlich kein „Wieder", da du in deinem Menschenwesen, das du ewig dir zu eigen nahmst, uns nie verlassen hast. Nur immer mehr muß offenbar werden, daß

du wirklich gekommen bist, daß das Herz aller
Dinge schon jetzt verwandelt ist, weil du sie an
dein Herz genommen hast. Nur immer mehr mußt
du kommen, nur immer mehr muß offenbar werden, was sich im Grunde alles Seienden schon be-
gab, muß immer mehr den falschen Schein in sich
hineinverzehren, als sei die Endlichkeit nicht frei
geworden, als du sie dir zum Leben nahmst.
Siehe, du kommst. Das ist keine Vergangenheit
und keine Zukunft, sondern Gegenwart, die nur
noch sich selber erfüllt. Noch immer ist die eine
Stunde deines Kommens, und wenn sie zu Ende
ist, werden auch wir erfahren haben, daß du wirklich gekommen bist. Laß mich in dieser Stunde
deines Kommens leben, damit ich in dir lebe,
Gott, der da kommen soll! Amen.

Zwischen Gnade und Gericht

Herr Jesus Christus, ich habe das Wort deiner
Vergebung im Sakrament gehört. Ich habe mir
wieder von dir sagen lassen – wir können es ja
nicht oft genug hören –, daß du barmherzig sein
willst und mir vergibst. Immer aufs neue. In uner-
schöpflicher Geduld, langmütig und getreu. Ich
danke dir für deine Güte, für die Großmut und
Geduld, die du mit mir hast, alle Tage meines Lebens. In diesem Sakrament erfahre ich immer wieder deine Gnade. Ich erhalte deine Vergebung zu-
gesprochen, derer ich täglich bedarf. Laß auch
mich gegenüber dem Bruder und seiner Last zu
jenen Boten deiner Gnade und Liebe gehören, die

ich als Beichtender immer wieder selber brauche. Laß auch mich sein: Beter und Mittragender, geduldig und wissend, demütig und weise, ein Apostel, der dein Wort so spricht, daß es in die Herzen umwandelnd eindringen kann. Reihe mich zu jenen, die den Frieden deiner Vergebung empfangen und weitertragen. Laß dieses milde Gericht deiner Gnade, das ich im Sakrament der Buße empfing, immerdar eine Verheißung für jenes Gericht sein, dem ich entgegengehe, für das letzte Gericht, das alle Gerichte dieser Zeit im Sakrament und im Leben abschließt und erfüllt.

Diesem Gericht gehe ich entgegen. „Denn es ist dem Menschen gesetzt, einmal zu sterben, und danach ist das Gericht" (Hebr 9,27). Wie nahe, Herr, bin ich schon diesem Tag, wie nahe: dem Augenblick, wo ich geschieden werde von allem, von dem ich nicht scheiden will, dem Augenblick, der nur einmal ist und einsam macht. Drei Stunden nur hänge ich neben dir als armer Schächer am Kreuz dieser Welt und dieser Zeit, ein kurzes Leben. Werde ich es benützt haben, um dir zu sagen: Herr, gedenke meiner, wenn du in dein Reich kommst? Werde ich ihn benützt haben, diesen flüchtigen Augenblick, den ich mein Leben nenne, um meine arme Seele in die Hand deines Vaters zu legen, freiwillig, glaubend und liebend? Werde ich es getan haben, damit von mir dann nicht gelte: „Es ist schrecklich, in die Hände des lebendigen Gottes zu fallen" (Hebr 10,31)? Herr, wenn du kommst wie der Dieb in der Nacht, geh mit mir nicht ins Gericht. Ich weiß nicht, wann du kommst, obwohl ich weiß, daß du bald kommst. Wenn du kommst, dann gehe dir, dem Richter,

selbst voraus in der leisen Herrlichkeit deiner
Gnade. Zünd an und laß in meinem Herzen brennen das Licht des Glaubens und die Flammen deiner Liebe. Richt selber das Haus meiner Ewigkeit
zu, in dem du wohnen willst, bevor du kommst
als Richter, um zu sehen, ob es gerichtet ist und
würdig, dein und mein einziger Himmel zu werden. Gib mir die Gnade der Beharrlichkeit. Du
gibst sie mir, wenn du mir die Gnade des unerschütterlichen Vertrauens auf deine Barmherzigkeit gibst, wenn du mir die Gnade gibst, zu glauben, daß du größer bist als unser Herz, wenn du
mir die Gnade des Gebetes und der Liebe gibst.
Du gibst mir die Gnade der Beharrlichkeit, wenn
du mir die Gnade gibst, meinen Eigensinn zu vergessen über dem heiligen Auftrag, den du mir anvertraut, über der heiligen Bestimmung, die du
mir gesetzt hast. Du gibst sie mir in der Gnade der
Liebe und Verehrung zu deinem gebenedeiten
Herzen und zu deiner und meiner Mutter.

Ich knie vor deinem Sakrament, Herr, das deinen Tod kündet. Wenn ich mit dir in Glaube,
Hoffnung und Liebe vereint bleibe, kündet es
auch meinen Tod. Denn ich soll in dir leben und
in dir sterben. Wenn ich durch die Taufe sakra-
mental in deinen Tod hineingetauft wurde, so soll
mein Tod mich einstmals in der nüchternsten
Wirklichkeit des Lebens mit deinem Tod vereinen,
du hast meinen Tod geteilt. Gib mir deinen Tod.
Es ist der eigenste, den man sterben kann. Gib mir
einst im Tod, wenn es dir gefallen mag, dein Sakrament als Wegzehrung und als letztes Unterpfand des ewigen Lebens. Ob aber im Sakrament
oder ohne dieses Zeichen, sei, so flehe ich, in je-

ner Stunde bei mir: wenn du willst, mit deiner
tödlichen Einsamkeit und Verlassenheit, mit der
Ohnmacht ohne Grenzen, die du in deinem Tod
ausgelitten hast, aber auf jeden Fall mit deiner
Gnade, mit deinem ewigen Leben. Herr, du bist
für uns gestorben. Für jeden von uns Menschen,
als ob du für ihn gestorben wärest. Vergiß es
nicht, und vergiß es nicht in der Stunde unseres
Todes. Wenn du keinen von uns vergißt, dann ist
jeder Tod Teilnahme an deinem Tod und das Gericht der ewige Sieg deines Erbarmens. Amen.

Auferstehung der Toten

Mein Gott, wenn ich genauer hinhöre auf das,
was an Ewigkeitshoffnung wirklich in mir lebt,
dann stelle ich eine seltsame Schwierigkeit fest:
Einerseits rede ich nicht gern von der „Seele", die
– zunächst mindestens – allein durch das Tor des
Todes in dein Leben eingeht, nicht von der Un-
sterblichkeit der Seele, weil ich mich zu massiv
„leiblich" empfinde – von anderen theologischen
Schwierigkeiten ganz abgesehen. Anderseits stelle
ich mir dann mein „Jenseits" (an das ich glaube)
doch wieder so ganz abstrakt und entmythologi-
siert vor: Was soll ich auch anfangen mit den
Wolken des Himmels und den Posaunen des Ge-
richts, der Versammlung im Tale Josaphat, der
Öffnung der Gräber und so fort? Meine Jenseits-
vorstellung scheint doch müde auf die Überzeugung zusammenzuschrumpfen, daß ich im Tod
erst recht selber in deiner Macht und Liebe und

Seligkeit geborgen bleibe, ohne daß ich weiß, wie. Und selbst diesen Satz, der meinen Glauben wiedergibt, muß ich nochmals unter den Vorbehalt der „Analogie" stellen.

Ist also mein Jenseitsglaube, meine Überzeugung von der „Auferstehung der Toten" doch sehr wenig „leibhaftig"? Muß ich mir selber gegenüber den Verdacht hegen, ein abstrakter Spätrationalist mit einem immer dünner werdenden Glauben zu sein? Du scheinst zu schweigen und mich meinen schwankenden Gedanken zu überlassen. Nun, darf ich vielleicht so denken: Wenn ich dies oder jenes von dir oder von dem Jenseits und der Auferstehung (diese beiden Dinge lasse ich voneinander ungeschieden und vertraue diese Aufgabe schärfer denkenden Theologen an) „verneine", dann darf ich dieses Verneinte, das Dinge und Vorstellungen von dir und der Auferstehung abscheidet, weil sie mir nicht recht zu dem Gemeinten zu passen scheinen (auf welchem Stuhl soll ich im Himmel sitzen, wenn ich da auch einen „Leib" habe?), eigentlich doch positiv aussagen, weil deine unendliche Wirklichkeit und Macht alle diese scheinbar verneinten Wirklichkeiten nicht negieren muß, sondern auf eine sublime Weise „aufhebt" und bewahrt.

Ich denke, man macht es sich zu leicht, wenn man das „Materielle", weil es einfach von dir selbst nicht ausgesagt werden kann, hinter sich lassen wollte und das „Geistige" von dir und unserer Vollendung so aussagen würde, als ob nicht auch es ganz verwandelt gedacht werden müßte, wenn es wirklich wahr ausgesagt werden soll. „Geist" und „Materie" müssen sicher verschieden verwandelt aufgehoben werden in eine Aussage über dich und unsere Vollendung; aber Materie kann doch auch wirklich – radikal aufgehoben und verwandelt – von dir und unserer Vollendung ausgesagt werden, weil du auch noch einmal über unsere Scheidungen und Abstraktionen erhaben bist. Du bist dem noch einmal unvorstellbar nahe, was wir (mit einigem Recht) als unendlich fern von dir empfinden, da du nicht nur von manchem, dem „Höheren", sondern von *allem* der Urheber und Urgrund bist. Wäre dir die Materie nicht auch als solche ähnlich, könntest du sie gar nicht schaffen und sie müßte – wie bei manchen älteren Philosophen – als das Widergöttliche gedacht werden.

Darum freue ich mich auf die Auferstehung und halte diesen Glaubenssatz nicht für eine Aussage von irgend einer sekundären Partikel der Welt allein, sondern für die radikale Aussage darüber, daß du der Materie nicht fremd und nur verneinend gegenüberstehst, sondern sie sogar konstituiert hast als den gemeinsamen Urgrund aller sich entwickelnden Wirklichkeit bis zum Geist hinauf (in deiner Kraft natürlich), in die sogar die „Engel" eingewurzelt sind. Wenn wir beim Preis der Endgültigkeit unserer Existenz von Nähe, von Sehen, von Tanz, von seligem Jubel, vom Schmekken und Tasten reden, dann weiß ich zwar nicht recht, wie das alles Platz haben kann neben und mit der unmittelbaren Gottesschau deiner ewig unbegreiflichen Wirklichkeit und Herrlichkeit, aber ich muß all dieses handfeste Reden nicht eigentlich stärker spiritualistisch verdünnen als all die Aussagen mehr geistig-metaphysischer Art, die nur scheinbar leichter verständlich sind. Wenn die Vollendung kommt, werden wir überrascht sein, wie ganz anders *alles* sein wird, als wir es uns vorgestellt haben (und wie weit die Phantasien der Spiritisten unter der wahren Wirklichkeit liegen), aber eben dieses ganz andere wird doch auch überraschend nahe und zu unserem bisherigen Daseinsstand passend sich zeigen. Mein Geist und mein Fleisch werden frohlocken in Gott meinem Heiland. Weil in Gottes Ewigkeit die Zeit eigentlich auch für uns keine Rolle mehr spielt, ist mir die Frage gleichgültig, ob zwischen dem, was wir geistig personale Vollendung nennen, und dem, was Auferstehung heißt, irgendein Abstand besteht, den man mit unserer Zeit vergleichen kann.

Ich warte, o Gott, in Geduld und Hoffnung. Ich warte wie ein Blinder, dem man den Aufgang des Lichtes verheißt. Ich erwarte die Auferstehung der Toten und des Fleisches.

Segen über das Ende

Herr Jesus Christus, wie das Beginnen, so führt uns auch der Beschluß eines Werkes zu dir, der du Anfang und Ende bist.

Dieses unser Ende, Herr, ist nur ein kleiner Anfang, der Auftrag und nicht die Erfüllung, das gute Wollen, noch nicht das Vollbringen. Aber du hast den Anfang gegeben. Von dir ist geschrieben: Getreu ist der, der das gute Werk in euch begonnen hat, er wird es machen (1 Thess 5,24). Darum bitten wir dich: laß deine reuelose Gnade mit uns sein, wenn wir nun wieder das Leben und den Auftrag durchzuführen versuchen, die du uns auferlegt hast.

Es ist das Alte, Herr, was uns erwartet, dasselbe wie immer: wir, die Schwachen und Sündigen, die alte Umgebung, der alte Alltag, die Finsternis der Zukunft heute wie gestern, die alte Erfahrung des alten Menschen. Darum haben wir kein Vertrauen auf uns und unsere Vorsätze, nicht auf unsere Begeisterung, noch auf unseren guten Willen. Aber wir haben Vertrauen auf deine Gnade, auf deine Langmut und Geduld mit uns. Bleibe nur du, Herr, bei uns; bleibe bei uns am Tag und wenn es Abend werden will. Wir verlangen nicht von dir, daß wir in hochgemuten Gefühlen, in denen wir nur uns selbst genießen würden, deine treue Gegenwart spüren. Wir glauben auch ohnedies, daß du bei uns bleibst alle Tage bis zum Ende, auch bis zu einem Ende, in dem der bittere Kelch deines Todes geleert werden muß. Du bist bei uns, das genügt. Bleib bei uns, das ist unsere Bitte. Bleib bei uns mit deinem Heiligen Geist, mit dem Geist der Ehrfurcht vor Gott, mit dem Geist der Zerknirschung, der Demut und der keuschen Furcht, den heiligen Gott durch Sünde zu entehren, mit dem Geist des Glaubens und der Liebe zum Gebet, mit dem heiligen Geist des Mutes und der Verantwortung für die Sache deines Evangeliums und deines Reiches in dieser Welt und in unserer Zeit, mit dem Geist des Großmutes und der Hochherzigkeit, mit der Gnade der Liebe zu deinem heiligen Kreuz. Wenn du immer wieder das heilige Brot der Pilger zwischen Zeit und Ewigkeit für uns wirst, laß dich empfangen mit aufrichtigem Glauben und wahrer Liebe, dich, den Herrn meines Lebens, die Quelle aller Gnade, die Kraft im Sterben, das Unterpfand der Ewigkeit und das heilige Band der Liebe unter deinen Brüdern. Gib uns die Gnade, daß wir auch all das, was die Pläne und die Rechnungen unseres Lebens durchkreuzt, als dein Kreuz erkennen und als die Teilnahme an deinem Sterben, das das wahre Leben zeigt. Erfülle unser Herz mit der Kraft deines ewigen Sieges und mit dem blinden Vertrauen, daß dein Reich ewig währt und dort siegreich aufsteht, wo wir scheinbar nur Untergänge erfahren.

Herr, du siehst, wir bitten nur um das eine: daß du bei uns bleibst und daß wir dir allzeit nachfolgen dürfen. Wir bitten dich nur, daß du uns gebest, was du uns gegeben hast, daß du vollendest, was du selber begonnen. Wir bitten dich nur um eines: um dich. Da du aber die fleischgewordene Liebe Gottes selbst bist, so wissen wir, daß du unser Gebet erhörst. Du hast dich uns gegeben, du hast dein Schicksal und Leben selbst eingesenkt in die Geschichte der Erde und der Menschheit, du bist unser Freund und Bruder, der treue Genosse unseres Daseins und Schicksals geworden. Du bist uns in allem gleich geworden. Es widersteht dir daher nicht, bei uns zu sein und unsere Sache zu der Deinen zu machen. Du erhörst immerdar unser Gebet; und daß wir beten, du mögest bei uns bleiben, ist schon die Frucht davon, daß du bei uns bist.

Dir also ist anvertraut alles, was wir sind und haben: unser Heil, unser Beruf, unser Tagwerk, unsere Familien, unser Leben und unser Sterben. Darum wollen wir zum Schluß dir sagen, was die Summe alles Wollens und alles Bittens ist: Nimm dir, Herr, und empfange meine ganze Freiheit, mein Gedächtnis, meinen Verstand und meinen ganzen Willen, alles, was ich habe und besitze. Du hast es mir gegeben, auf dich, Herr, richte ich alles zurück. Alles ist dein, verfüge darüber ganz nach deinem Willen. Gib mir nur deine Liebe und Gnade, denn das ist genug. Amen.

Gebet um die Vereinigung aller Christen

Gott, Urgrund und Kraft aller Einheit, wir rufen dich an und bitten dich, daß du den voneinander getrennten christlichen Kirchen diejenige Einheit schenken mögest, die dem Willen unseres Herrn Jesus Christus entspricht. Wir wissen zwar, daß wir selber alles uns Mögliche tun müssen, damit diese Einheit Wirklichkeit wird. Denn von uns, nicht von dir, kommt die Spaltung unter den christlichen Kirchen. Aber eben diese unsere Aufgabe ist dennoch das Geschenk deiner Gnade, die allein das Wollen und das Vollbringen dieser Einheit schenken kann. Und darum kann all unser Bemühen doch nur immer wieder mit dem Gebet beginnen: Gib, was du von uns verlangst.

Wenn in allen christlichen Kirchen das Bekenntnis zum Dreifaltigen Gott, zum einzigen Herrn und Erlöser Jesus Christus gegeben ist, wenn wir alle getauft sind auf dich, den Dreieinigen Gott, und wiedergeboren sind zum Ewigen Leben in der

Kraft deines göttlichen Geistes, der (so hoffen wir) in der Tiefe unserer Existenz schon Besitz von uns genommen hat, dann besteht unter uns Christen schon jene göttliche Einheit, die du selber bist, und wenn wir um Einheit, die noch werden soll, bitten, dann ist eine Einheit der Kirchen als leibhaftige geschichtliche Größe gemeint, die aus der letzten Einheit, die schon gegeben ist, entspringt als deren Bezeugung vor der Welt und Geschichte, damit die eine Kirche wirklich und deutlich das Sakrament des Heiles der Welt sein kann.

Die Einheit der Kirchen ist unsere Aufgabe. Und darum bitten wir: Dein Geist möge alle Kirchen erfüllen mit einem heilsamen Schrecken darüber, was alle Kirchen (verschieden, aber ohne Ausnahme) dem Leibe deines Sohnes, der die Kirche ist, angetan haben; angetan durch Herrschsucht, Überheblichkeit, Verliebtheit in die eigene Meinung, Mangel an liebender Toleranz, Enge unseres Geistes, der nicht dulden will, daß deine eine Wahrheit mit vielen Zungen verkündet wird, und durch alle anderen Weisen, in denen wir Menschen Sünder sind und uns an die Stelle deiner Wahrheit setzen.

Gib uns Vorsicht und Weisheit bei unserem ohnmächtigen Tun, damit wir nicht durch überheblichen Eifer für die Einheit noch mehr Spaltung in die Kirchen bringen. Mach die Führer der Kirchen hellsichtig und mutig, damit sie alle sich mehr der Einheit der Kirchen in der Zukunft als der Eigenständigkeit ihrer Kirchen in der Vergangenheit verpflichtet wissen. Mach die Kirchenführer kühn, weil in der Geschichte der Kirche wirklich großes Neues nur entsteht ohne völlige Legitimation aus der Vergangenheit allein. Gib ihnen die fröhliche Überzeugung, daß in die eine Kirche viel mehr aus der Vergangenheit eingebracht werden kann von allen Kirchen her, als man kurzsichtig oder ängstlich denkt, weil dieses Einzubringende früher Grund der Spaltung war. Gib den Verantwortlichen in der Kirche die Überzeugung, daß Einheit nicht Uniformität bedeutet, durch die eine einzelne Kirche allein das ganze Gesetz für die anderen würde, sondern versöhnte Vielfalt der Kirchen ist.

Jeder in den getrennten Kirchen muß seinen christlichen Brüdern in den anderen Kirchen den guten Willen zubilligen, die Forderung Jesu nach Einheit unter seinen Jüngern zu erfüllen und doch: wir Sünder in allen Kirchen müssen bekennen, daß dieser Wille bei uns offenbar doch nicht so glühend, mutig und schöpferisch ist, wie er sein sollte. Denn sonst müßte ja die Einheit, die unsere Aufgabe ist, schon verwirklicht sein. Gib uns, heiliger und barmherziger Gott, den vollen Willen zur Einheit, die du von uns forderst, und wenn unser Herz uns anklagt, zu wenig von dem machtvollen Geist der Einheit zu besitzen, dann dürfen wir dennoch hoffen, daß diese unsere sündige Schwachheit umfangen bleibt von deiner Vergebung und jener Einheit der Christen, die du uns schon geschenkt hast. Amen.

Beschluß

Meine Brüder, schließen wir leise, damit wir nicht Gottes stilles und doch *so* mächtiges Gnadenwort in uns durch das anmaßend laute und schwache Menschenwort übertönen. Sagen wir: „Herr, hilf meinem Unglauben!", gib mir die Gnade des Glaubens an Jesus Christus, unseren Herrn, sein Evangelium und seine rettende Gnade.

Nachwort des Herausgebers

Gebetstexte finden sich schon unter den frühesten Ver-
öffentlichungen Karl Rahners. Die Sammlung „Worte
ins Schweigen", in Buchform 1938 erschienen und bald
in mehreren Auflagen und später in verschiedenen
Übersetzungen verbreitet, gehört noch der Zeit an, als
sich der Autor mit philosophischen Studien befaßte[1].
1936 war seine Arbeit „Geist in Welt. Zur Metaphysik
der endlichen Erkenntnis bei Thomas von Aquin" abge-
schlossen; sie erschien in erster Auflage 1939. Die
zweite größere Sammlung betrachtender Gebetstexte erschien 1949 unter dem Titel „Heilige Stunde und Passionsandacht". Zusammen mit seinem Bruder Hugo
veröffentlichte Karl Rahner 1958 das Bändchen „Gebete
der Einkehr". Es enthält Texte, die zunächst bei einer Stu-
dentenmission im Freiburger Münster im Jahre 1951 gesprochen wurden und später durch einige Gebete
ergänzt wurden, „die gemäß den Geistlichen Übungen
des heiligen Ignatius das Zwiegespräch der Seele mit
Gott in Worte zu fassen suchten"[2]. Als solche wurden sie
bei verschiedenen Exerzitienvorträgen Karl Rahners gebetet (vgl. z. B. seine Betrachtungen zum ignatianischen
Exerzitienbuch. 1965). Auch wenn Karl Rahner seitdem
keine Sammlungen von Gebetstexten mehr vorgelegt
hat, finden sich doch im Rahmen seines geistlichen
Schrifttums und damit in strenger Nachbarschaft zu seiner wissenschaftlich-theologischen Arbeit immer wieder
einzelne formulierte Gebetstexte. Ein besonders schönes
Beispiel hierzu bieten die drei knappen „Gebete der Besinnung"[3], die ursprünglich drei Adventspredigten ab-
schlossen, die Karl Rahner 1967 auf Einladung der
Katholischen Studentengemeinde im Dom zu Münster/
Westf. hielt. Sie wurden in dem Bändchen „Ich glaube

an Jesus Christus" 1968 veröffentlicht, das man wohl für
eine der wichtigsten und eindrucksvollsten Veröffentli-
chungen Karl Rahners zur Christologie halten darf. Das
Quellenverzeichnis belegt im einzelnen, welchen Veröf-
fentlichungen diese und die übrigen Gebete entnommen
wurden. Weitere bislang unveröffentlichte Texte aus
neuerer Zeit kamen hinzu.

Der kurze Gang durch die Werkgeschichte macht
deutlich, daß die einzelnen Gebete einem längeren Zeit-
raum und verschiedenen Kontexten entstammen. Daß
sich die religiöse Sprache im Verlauf fast eines halben
Jahrhunderts verändert hat, versteht sich beinahe von
selbst. Es wurde nicht versucht, dies durch Retuschen an
den Texten zu verbergen.

Für den theologisch interessierten Leser mag es reiz-
voll sein, die Verbindungen zum theologisch-wissen-
schaftlichen Werk Karl Rahners in diesen Formulierun-
gen aufzuspüren. Besonders klar vor Augen liegt wohl,
daß sich in den ganz frühen Texten Parallelen zu den
philosophischen Untersuchungen über die Transzen-
denzbewegung der Erkenntnis finden und daß sie so den
„spirituellen Ort" der entsprechenden Überlegungen
zum Ansatz der Gotteserkenntnis von ihrer Seite her
verdeutlichen können. – Ein Vergleich der schon er-
wähnten „Gebete der Besinnung" mit früheren Gebeten
mag für die Entwicklung der christologischen Arbeiten
Karl Rahners[4] ebenfalls aufschlußreich sein.

Das eigentliche Ziel dieser Sammlung ist aber nicht,
ein Hilfsbuch zur theologischen Arbeit beizusteuern.
Vielmehr will sie dem betenden und betrachtenden
Nachvollzug Gebetstexte eines großen theologischen
und geistlichen Lehrers zur Verfügung stellen. Was Karl
Rahner 1972 zur Neuauflage der „Gebete der Einkehr"
schrieb, gilt mutatis mutandis auch für dieses ganze
Buch: „Die Gebete wollen ... ihren Ursprung keines-
wegs verleugnen ... Sie sprechen zunächst von den An-
liegen und Nöten des studierenden Menschen. Aber es
sind die Not und die Freude aller Christen, die hier zum
Wort drängen. Selbst die Gebete eines Menschen, der

Priester ist oder es werden will, sind gültig für jeden Betenden; denn jeder Christ soll wissen, was das Herz eines Menschen bewegt, dem er sein ewiges Geschick anvertraut"[5]. Der Titel dieser Sammlung will dies in einer Kurzformel ebenfalls andeuten.

Daß solche Gültigkeit nicht gleichzusetzen ist mit der Unmittelbarkeit des betenden Nachvollzugs, macht K. Rahner in einer Bemerkung zum vorliegenden Band so deutlich: „Selbstverständlich kann man die hier gedruckten Gebete nicht einfachhin beten; man kann sie nicht so, wie sie dastehen, Gott vorlesen. Sie können nicht mehr sein wollen als eine Anregung, dies oder jenes deutlicher zu sehen, in der eigenen Weise in sein Herz aufzunehmen und mit eigenen Worten Gott zu sagen, was man sonst vielleicht übersähe, obwohl es – wenn es bedacht würde –, das eigene Gebet ernster und reicher machen würden. Und selbst wenn man so das eigene Gebet zu denken, zu bejahen und zu formulieren sucht, weiß man immer noch nicht genau und sicher, ob auch die innerste Mitte des inwendigen Menschen mitbetet, da, wo der Geist Gottes in unaussprechlichem Rufen für seine Heiligen eintritt, wie Paulus sagt, und wo dieser Geist Gottes um das bittet, was würdig ist, gehört und erörtert zu werden. Aber man muß eben versuchen zu beten. Vielleicht kann dazu auch eine solche kleine Hilfe nützlich sein. Private, von einzelnen formulierte Gebete haben dabei das Recht, ‚subjektiv‘ zu sein. Daraus darf man ihnen keinen Vorwurf machen."

Wer sich darüber hinaus auch mit den „theoretischen" Arbeiten Karl Rahners zum Gebet befassen möchte, sei insbesondere auf seine Münchener Predigten von 1946 verwiesen, die unter dem Titel „Von der Not und dem Segen des Gebetes" erschienen und in vielen Ausgaben und Auflagen verbreitet sind[6]. Schließlich seien auch die – sich ergänzenden – Abschnitte über das Gebet in den Rahner-Lesebüchern „Rechenschaft des Glaubens"[7] und „Praxis des Glaubens"[8] erwähnt.

Nachtrag zur dritten Auflage

Karl Rahner konnte die erste Auflage dieses Buches noch zu seinem 80. Geburtstag entgegennehmen. Sein unerwarteter Tod am 30. März 1984 macht dieses Geburtstagsgeschenk gleichzeitig zu einer Abschiedsgabe. Die Neuauflage ermöglicht es, seinen wohl letzten, von ihm auf dem Krankenbett verfaßten Text, ein Gebet um die Vereinigung aller Christen, in die Sammlung der „Gebete des Lebens" mit aufzunehmen.

Anmerkungen zum Nachwort des Herausgebers

[1] Zur Biographie Karl Rahners vgl. Karl Lehmann: Karl Rahner. Ein Porträt. In: Karl Lehmann, Albert Raffelt: Rechenschaft des Glaubens. Zürich, Freiburg 1979, [2]1982. S. 13*–46*.
[2] K. Rahner: Vorwort zu K. Rahner, Hugo Rahner: Worte ins Schweigen. Gebete der Einkehr. Freiburg 1973. S. 7.
[3] Hier unter den Titeln: Nachfolge in der Liebe zum Nächsten. Das Wort Gottes als Zusage an mich. Begegnung mit Jesus.
[4] Vgl. hierzu auch K. Rahners knappe Bemerkungen in: Karl Rahner: Im Gespräch. München 1982. Bd. 1. S. 240–242.
[5] Vgl. Anm. 2.
[6] Zuletzt als Band 647 der Herderbücherei. Freiburg [10]1980.
[7] Vgl. Anm. 1. Hier S. 348–362.
[8] K. Rahner: Praxis des Glaubens. Hrsg. von K. Lehmann und A. Raffelt. Zürich, Freiburg 1982, [2]1984. S. 137–161.

QUELLENVERZEICHNIS

Betrachtungen zum ignatianischen Exerzitienbuch. München: Kösel 1965 (= Betr.). – Gebete der Einkehr (zusammen mit Hugo Rahner); hier nach: Worte ins Schweigen. Gebete der Einkehr. Freiburg: Herder 1973 (= Geb.). – Glaube, der die Erde liebt. Freiburg: Herder 1966 (= Gl.). – Heilige Stunde und Passionsandacht. Freiburg: Herder [4]1965 (= Hl.). – Hilfe zum Glauben (zusammen mit Adolf Exeler, Joh. Bapt. Metz). Zürich: Benziger 1971 (= Hfe.). – Im Heute glauben. Einsiedeln: Benziger [2]1966 (= Im.). – Ich glaube an Jesus Christus. Einsiedeln: Benziger 1968 (= Ich). – Knechte Christi. Freiburg: Herder 1967 (= Kn.). – Maria, Mutter des Herrn. Freiburg: Herder [5]1965 (= Mar.). – Schriften zur Theologie. Band 7. Einsiedeln: Benziger 1966 (= Schr.). – Was sollen wir jetzt tun? Freiburg:

Herder 1974 (= Was). – Worte ins Schweigen; hier nach:
Worte ins Schweigen. Gebete der Einkehr. Freiburg: Herder
1973 (= Wor.). – Worte vom Kreuz. Freiburg: Herder 1980
(= W.Kr.).

Beginn: Was 59; *Vor Gott:* Geb. 81–85; Betr. 286–288; *Gott meines Lebens:* Wor. 13–19; *Gott der Erkenntnis:* Wor. 32–37; *Gott meiner Gebete:* Wor. 38–45; *Gott der Gesetze:* Wor. 38–45; *Gott meines Herrn Jesus Christus:* Wor. 20–25; *Lob der Schöpfung:* unveröffentlicht. *Christus alles in allem:* Geb. 116 f. *Gebet an Weihnachten:* Schr. 127; *Bedenken der Passion:* Hl. 41 f.; W.Kr. 49 f.; *Die sieben letzten Worte:* Hl. 43–64; W.Kr. 51–72; *Die Gegenwart Jesu und seines Lebens:* Hl. 9–18; *Die Gegenwart des Ölbergleidens Jesu:* Hl. 18–27; *Von der Gegenwart des Ölbergleidens in uns:* Hl. 27–37; *Himmelfahrt und Gegenwart des Herrn:* Schr. 176 f.; *Nachfolge Christi:* Geb. 95–97; Betr. 297–299; *Nachfolge in der Liebe zum Nächsten:* Ich 66; *Das Wort Gottes als Zusage an mich:* Ich 66 f.; *Begegnung mit Jesus:* Ich 67 f.; *Heiliger Geist:* Geb. 101–103; Gl. 77–79; *Von Gott befreit:* Hfe. 56; *Gott meines Alltags:* Wor. 46–51; *Leben aus der Gnade:* Geb. 98–100; Betr. 294–297; *Gebet um die Hoffnung:* Gl. 169–172; *Gott meiner Sendung:* Wor. 64–70; *Gott meiner Brüder:* Wor. 58–63; *Elend der Sünde:* Betr. 288–290; *Für die Kirche:* unveröffentlicht; *Dem Priestertum entgegen:* Geb. 110 f.; *Gebet eines Weihekandidaten ...:* Kn. 254–263; *Gebet um den rechten Geist ...:* Kn. 264–267, vgl. Geb. 112–115; Betr. 299–301; *Sakrament des Altares:* Geb. 104–106; *Eucharistie und Alltag:* Schr. 217; *Gebet eines Laien, Um Gerechtigkeit und Brüderlichkeit* sowie *Gebet um Frieden:* unveröffentlicht; *Gebet für geistig Schaffende:* Schr. 401–403; *Maria:* Geb. 118–120; Mar. 107–109; *Zum heiligen Thomas von Aquin:* unveröffentlicht; *Gott der Lebendigen:* Wor. 52–57; *Gott, der da kommen soll:* Wor. 71–76; *Zwischen Gnade und Gericht:* Geb. 92–94; Betr. 290–292; *Auferstehung der Toten:* unveröffentlicht; *Segen über das Ende:* Geb. 123–125; Betr. 302–303; *Gebet um die Vereinigung aller Christen:* unveröffentlicht (vgl. S. 207); *Beschluß:* Im 53.

Die Textstelle aus dem „Sonnengesang" des heiligen Franziskus im Gebet „Lob der Schöpfung" ist entnommen dem Band „Die Fülle erfahren" von Emmanuel Jungclaussen. Freiburg: Herder 1978, S. 111.

Herausgeber und Verlag Herder danken dem Benziger Verlag, Zürich, dem Kösel Verlag, München, und dem Otto Müller Verlag, Salzburg, für die freundlich erteilten Abdrucksgenehmigungen.